법정에서

만난 역사

창비청소년문고 16

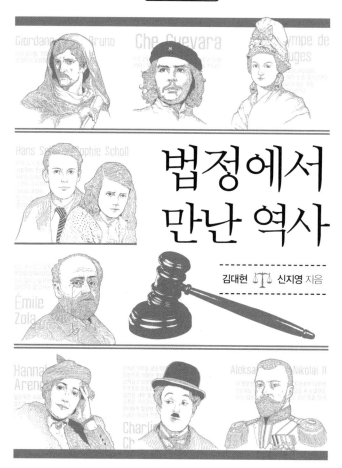

법정에서
만난 역사

김대현 ⚖ 신지영 지음

창비

◆

　이 책은 이제 막 역사의 미로 속으로 여행을 시작하는 사람들을 위한 안내서입니다.

　안내서는 보기에는 간단하지만, 쓰기에는 복잡하고 어렵습니다. 좋은 안내서를 쓰려면 여행지의 전체적인 풍광을 파악하는 것은 물론, 눈에 잘 보이지 않는 사소한 구석구석까지 샅샅이 알아야 하기 때문입니다. 만일 안내서에 적힌 내용이 시원치 않아 여행자들을 실망시키거나 목적지와 전혀 상관없는 곳으로 데려가기라도 한다면 그것이야말로 큰일입니다. 우리는 길을 가는 과정에 즐거운 추억을 만들면서 원하는 목적지까지 착실하게 데려다주는 안내서를 쓰고자 했습니다.

　안내서와 함께 꼭 필요한 것이 길잡이입니다. 현지에 거주하면서 지리에 정통한 길잡이들은 여행자들에게 지역의 고유한 풍습과 문화를 세세하게 가르쳐 줄 수 있습니다. 우리는 역사 여행자를 위한 길잡이로, 저마다의 이유로 법정에 섰던 역사 속 인물 10명을 선택했습니다. 철학자와 임금님, 코미디언과 혁명가를 비롯해 각자의 시간을 치열하게 살다 간 이 길잡이들은 그 흥미로운 인생과 법정에서 펼친 변론을 통해 그 시대의 사회 모습을 잘 보여 줄 것입니다.

　수많은 역사 인물 중 특별히 법정 위의 인물들을 선택한 것은 법정이 가진 특징 때문입니다. 법정은 사회가 어떤 것을 허용하고 어떤 것을 금지하는지 판단하는 공간으로써 그 사회의 사람들이 옳다고 생각하는 것이 무엇인지 확인할 수 있는 장소입니다. 이 책에서는 무시무시하기로 유명했던 중세의 종교 재판부터 임금님의 목을 친 재판, 전쟁을 일으킨 전범들에 대한 재판까지 역사 속의 법정에서 벌어진 다양한 재판을 소개합니다. 이를 통해 그 시대를 지배했던 사고방식이나 사상이 무엇이며 그것이 시간의 흐름에 따라 어떻게 변화하는지 함께 보여 주고자 합니다.

정리하자면 『법정에서 만난 역사』는 중세 이후 서양사의 분기에 있어 중요한 역할을 하거나 또는 보이지 않는 곳에서 변화의 씨앗을 뿌린 사람들을 재판이라는 특수한 사건을 중심으로 살펴보는 책입니다. 사건에 숨겨진 사실과 그 사건의 역사적 역할을 밝힘으로써 서양사의 기초적인 흐름을 파악할 수 있도록 돕는 것이 이 책의 목적입니다.

그럼 지금부터 함께 과거의 시간 속으로 여행을 떠나 볼까요?

2015년 여름에
김대현·신지영

차례

1

이성을 재판하다

조르다노 브루노와 르네상스 시대, 15세기

나는 승리할 것이라고 믿으며 용감하게 투쟁했다.
체력은 정신력보다 약하다.(…)
하지만 미래 세대가 거부할 수 없는 무엇이 내 안에 존재한다.*

조르다노 브루노

● 미하일 일리인 『코페르니쿠스, 인류의 눈을 밝히다』, 이종훈 옮김, 서해문집 2008, 278면.

잊힌 사람

우주는 참으로 신비한 공간입니다. 밤하늘 위로 푸른 별들이 끝도 없이 펼쳐진 우주의 모습은 다양한 상상을 불러옵니다. 그래서일까요? 어떤 사람들은 반짝이는 아름다운 별이 소중한 사람을 지켜 주는 수호천사라고 생각하기도 했고, 또 어떤 사람들은 둥그런 달에 비치는 검은 반점을 보며 아름다운 여신이 토끼와 함께 떡방아를 찧는다고 상상하기도 했습니다. 물론 이제는 동화책에서나 볼 수 있는, 지나간 시절의 이야기이긴 합니다. 낭만적이고 아름다운 이야기지만 어떻게 보면 이성적인 사고와는 조금 어긋나는 생각이기도 합니다.

우리가 더 이상 이런 이야기들을 믿지 않게 된 것은 우주의 신비를 밝히기 위해 노력했던 수많은 사람들 덕분입니다. 아주 오래전 일식을 예측했던 그리스 철학자 탈레스부터, 만유인력의 법칙을 발견한 뉴턴, 상대성 이론을 제시한 아인슈타인까지 천문학의 역사는 그야말로 밤하늘의 별처럼 빛나는 위대한 학자의 이름으로 가득 차 있습니다.

그중에서도 더욱 특별한 이름이 있습니다. 과학이나 역사에 관심이 있는 사람이라면 익숙할 코페르니쿠스와 갈릴레이입니다. 태양이 지구 주위를 도는 것이 아니라 지구가 태양 주위를 돈다는 지동설을 주장함으로써 천문학의 역사에 큰 전환점을 가져온 과학자들이지요.

그런데 이들의 이름은 왜 더 특별할까요? 지동설을 주장한 그들의 업적이 다른 과학자들보다 뛰어나서일까요? 그렇게 생각할 수도 있습니다. 지동설은 우주 공간에 대한 사람들의 생각에 혁명적인 변화를 가져왔기 때문입니다. 하지만 코페르니쿠스와 갈릴레이의 이름이 조금 더 특별하게 느껴지는 이유는 과학사에 새겨진 업적의 가치보다 그 사람들이 주장을 펼쳤던 환경과 더 관련이 있습니다.

코페르니쿠스는 절대적 권위를 가지고 있던 교회가 천동설을 신봉하던 중세 시대에 용기 있게 지동설을 주장했습니다. 갈릴레이 또한 마찬가지였습니다. 갈릴레이는 직접 개발한 망원경으로 천문 관측을 하고 그 결과를 토대로 코페르니쿠스의 견해를 지지했습니다. 그러다 종교 재판에 회부되어 평생 집 안에 갇혀 있어야 한다는 판결을 받았습니다. 그 결과 이들의 이름은 인간의 이성을 억압하는 무지에 대항하는 용기의 상징처럼 인식되었고 길이길이 후세인들의 추앙을 받게 된 것입니다. 요컨대 이들의 이름이 특별한 것은 어떤 주장을 한다는 것만으로도 불이익을 받거나 목숨이 위태로울 수 있는 상황에서 당당히 자기주장을 펼친 용기 때문입니다.

그런데 그런 이유로 이 두 사람의 이름만 기억하는 것에는 좀 문제가 있습니다. 물론 코페르니쿠스와 갈릴레이가 용기가 부족한 사람들이라는 이야기는 결코 아닙니다. 과학적 업적의 중요도가 아니라 진리를 마주하는 용기를 기준으로 기억해야 할 사람을 찾는다면 분명히 더 평가를 받아야 할 사람이 있다는 것이지요.

안타깝게도 이제부터 이야기할 사람은 앞의 두 사람에 비한다면 정말로 지독한 일을 겪었습니다. 죽기 전에야 비로소 자신의 의견을 발표하여 조롱을 피한 코페르니쿠스에 비해, 이 사람은 젊은 시절부터 지동설을 지지하다 사람들에게 심한 조롱과 비판을 받았습니다. 또 갈릴레이보다 33년이나 먼저 종교 재판에 회부되어 온갖 험한 대우를 받기도 했지요. 잔혹한 고문에도 불구하고 갈릴레이와 달리 자기주장을 마지막까지 철회하지 않아 결국 사형 선고를 받고 광장에서 화형에 처해졌습니다.

그러나 이 사람의 이름은 코페르니쿠스와 갈릴레이에 비해 거의 언급되지 않습니다. 세계사 교과서에도 고작 한 줄 정도로 지나가는 경우가 대부분이지요. 그렇습니다. 눈 밝고 기억력 좋은 사람이라면 혹시 기억할 수도 있는 이름, 바로 조르다노 브루노입니다.

갈릴레이나 코페르니쿠스가 후세 사람들에게 진리의 수호자로 칭송받는 것과 비교하면 브루노는 거의 언급되지 않는다고 보아도 무방합니다. 역사란 어떻게 보면 참 잔인한 것인지도 모르겠습니다. 비슷한 일을 행하고 남보다 더 용기를 내었음에도 불구하고 누구에게는 영광의 면류관을 씌워 주는 반면 누구에게는 망각으로 응대하니까요.

그래서 여기에서는 코페르니쿠스나 갈릴레이에 비해 이제까지 잘 알려지지 않았던 브루노에 대해 이야기하려고 합니다. 진리 앞에 담대한 용기를 보여 주었지만 불운했던 브루노를 기억하는 사람들이 아직 있다는 것을 알려 주기 위해서 말입니다.

봉건제와 신학

브루노는 1548년에 태어나서 정확히 1600년에 세상을 떠났습니다. 이 시기는 서양 역사학자들에 따르면 중세(中世)에서 근세(近世)로 시대의 구분이 넘어갈 무렵으로, 흔히 르네상스라고 불리는 운동이 벌어졌던 때이기도 합니다. 프랑스어로 재생이라는 뜻인 르네상스는 신 중심의 세계관에 억압받았던 인간 중심의 이성과 학문, 예술에 대하여 고대 그리스·로마의 전통을 부활시키고자 했던 일련의 시대적 흐름을 의미합니다.

이것을 반대로 해석하면 중세에는 인간 중심의 이성과 학문이 별로 중요시되지 않았다는 뜻이 됩니다. 중세에는 신학이 모든 학문의 으뜸이었지요. 왜 중세에는 지금까지 눈부시게 인류의 발전을 이끌어 온 수많은 다른 학문들 대신, 신을 으뜸으로 여기는 신학을 중요시 여겼을까요? 신학이 진리를 가장 잘 밝혀낼 수 있는 학문이어서일까요? 왜 이런 것을 묻느냐면 이 간단한 의문을 해결하는 데에서 중세부터 현대로 이어지는 서양사의 실마리를 얻어낼 수 있기 때문입니다.

세계사 교과서에서는 서양의 중세가 봉건제 사회였다고 이야기합니다. 봉건제 사회란, 토지를 매개로 하여 지배하는 사람과 다스림을 받는 사람이 서로 간에 충성 계약을 맺은 사회를 의미합니다. 다시 말해 거대한 땅의 주인이 다른 사람에게 땅의 일부를 빌려주면, 빌리는 사람은 그 대가로 땅 주인에게 충성을 약속하는 것이지요. 광대한 영토를 가진 왕과 지방 영주 사이에 맺어진 이러한 계약은 다시 사회 전반에 걸쳐서 계속됩니다. 왕과 계약을 하여 큰 땅을 얻은 지방 영주가 다시 자기보다 세력이 약한 영주에게 땅의 일부를 빌려주고 충성 서약을 받습니다. 봉건제 사회는 이런 과정이 반복되는 사회입니다.

그러다 보니 사회에는 가장 큰 영토를 가진 왕과 높은 단계의 영주, 그리고 중간 단계의 영주와 낮은 단계의 영주, 마지막으로 농노와 같이 각 계급이 수직적으로 분포하게 됩니다. 이와 함께 각 계급이 가진 권력의 크기도 가장 큰 권력을 가진 왕에서부터 서열에 따라 조금씩 축소되지요. 서열의 맨 아래에 있는 농노에게는 마치 노예처럼 거의 아무런 권리가 부여되지 않았습니다.

봉건제의 상층부에 있는 사람들일수록 즐겁고 화려한 삶을 누렸지만, 당시 유럽 인구의 대부분을 차지하면서도 서열의 맨 아래에 있는 농노들은 비참하고 가혹한 삶을 이어 가야 했습니다. 지금 기준으로 보면 너무나 불공평한 상황임에도 불구하고 이런 사회 구조는 농노들의 큰 저항 없이 무려 1000년이 넘게 지속되었습니다. 이제 왜 봉건제 사회에서 신학이 중요시되었는지에 대한 힌트가 조금 주어졌습니다.

봉건제 사회 구조에서 주목해야 할 것은 지배하는 사람과 지배받는 사람 사이의 관계가 '계약'으로 맺어졌다는 것입니다. 계약이란 쉽게 풀이하면 서로 간에 지켜야 할 약속입니다. 봉건제가 다른 지배 관계와 가장 크게 다른 점은 지배 구조가 권력이 아닌 약속으로 이루어졌다는 것입니다.

왕과 신하가 물리적인 힘을 바탕으로 하는 권력관계로 맺어져 있다면 권력을 어떻게 획득했든 간에 왕에게 권력이 있는 동안 신하는 왕에게 대항할 수 없습니다. 그런 점에서 힘을 매개로 하는 권력관계는 어떻게 보면 참 단순한 구조입니다.

하지만 봉건제는 다릅니다. 왕과 신하는 권력으로 엮인 관계가 아니라 계약 관계에 불과합니다. 물론 그렇다고 해서 힘이 완전히 배제된 관계는 아닙니다. 분명히 왕을 비롯한 상위 영주는 하위 영주보다 힘이 강합니다. 다만 그렇더라도 왕이 영주들을 힘으로 누르려다 보면 왕의 피해도 만만치 않기 때문에 굳이 힘에 의한 주종 관계를 만들지 않으려 합니다. 영주의 자치권을 어느 정도 인정하는 것이 자신의 지위를 유지하는 데 더 유리하지요.

그런데 우리가 흔히 농담 삼아 하는 말 중에 '약속은 깨지라고 있다.'라는 표현이 있습니다. 계약이라는 것은 상황에 따라 언제든지 파기될 수 있다는 뜻을 담고 있지요.

상대방이 사정에 따라 약속을 깰 수 있다면 어떤 현상이 벌어질까요? 충성을 받고 있는 사람은 상대방이 혹시라도 약속을 깨고 반란을 일으킬지도 모른다는 두려운 마음을 가지지 않을까요? 게다가 봉건제 사회의 약속은 보통 약속과 달라서 한 번이라도 깨지게 되면 그 순간 바로 자기 목이 날아갈지도 모르는 위험한 약속입니다.

그 때문에 권력을 쥔 사람들은 약속이 절대로 깨지지 않을 방법을 고민하기 시작했습니다. 그리고 마침내 해답을 찾았습니다. 바로 예수 그리스도를 메시아로 모시는 종교인 그리스도교와, 그 신앙을 뒷받침하는 신학이었습니다.

천국과 지옥

그런데 신학과 권력은 어떻게 연결될까요? 조금 전에 '약속은 깨지라고 있다.'라는 표현을 썼지만 사실 현실 세계에서 약속이 그리 깨지기 쉬운 건 아닙니다. 대부분의 약속은 잘 지켜지기 마련이지요. 그럼 사람들은 왜 약속을 지키는 것일까요? 이유를 알기는 어렵지 않습니다. 약속을 어기면 대체로 그에 걸맞은 불이익이 기다리고 있기 때문입니다. 가령 돈을 빌리고 제때에 갚지 않으면 법에 따라 빌린 돈보다 더 많은 돈을 갚아야 하거나 감옥에 갈 수 있습니다. 또는 자신의 평판이 사람들의 입에 나쁘게 오르내려 부끄러움을 느끼게 될 수도 있습니다. 이 때문에 사람들은 약속을 지킬 때의 이익과 어길 때의 불이익을 비교해서 불이익이 큰 경우에는 내키지 않아도 약속을 지키게 됩니다.

가톨릭교회와 신학이 중세의 봉건제와 쉽게 결합할 수 있었던 결정적인 이유 또한 여기에 있습니다. 가톨릭교회가 신앙의 가르침을 거스른 자에게 하사하는 파문장과, 교리상에 등장하는 지옥이 그 대표적인 사례입니다.

종교와 세속 권력은 보통 서로 추구하는 가치가 다릅니다. 현실의 안락을 추구하는 세속 권력에 비해, 대개의 신학은 현실 세계가 아닌 죽은 다음에 가는 세계, 다시 말해 내세에서 어떻게 하면 행복하게 살 수 있을지를 중요시 여기게 마련입니다. 그러므로 독실한 신앙인에게 현실 세계란 내세에서 행복한 삶을 누리기 위한 예비 단계로서 신의 말씀에 따라 살아가는 과정입니다.

이는 중세 시대를 살아가는 영주나 농노나 모두 마찬가지로 어떤 삶의 과정을 밟아 가든 그 최종 목적은 자애로운 신이 기다리는 천국에 도달하는 것이었습니다. 그러므로 죽은 뒤에 천국에 가지 못한다면 그 사람의 삶은 현실에서 어떻게 살았건 간에 궁극적으로 실패한 삶이 됩니다. 당시의 봉건 영주들이 주목한 부분이 이 지점입니다. 그들은 만일 자신과 계약을 맺은 신하가 약속을 어기고 배신한다면 신의 이름으로 그보다 더 큰 불이익을 줄 수 있다고 겁을 주었습니다. 약속을 어긴 사람은 세속에서 아무리 성공하더라도 죽은 뒤에 결코 천국에 가지 못하며 영원히 불이 타오르는 지옥으로 떨어진다고 주장한 것입니다. 상위 영주들의 이러한 주장을 보증해 주는 사람들이 바로 가톨릭교회의 교황과 고위 성직자들이었습니다.

이러한 교리는 당시의 지배자들에게 아주 매력적인 것이었습니다. 충성 서약을 파기하고 반란을 일으킬 경우, 죽은 후에 영원히 불타는 지옥에 간다고 믿는다면 반란을 일으킬 사람이란 그리 많지 않기 때문입니다.

물론 영주 자신들도 교황에게 복종해야 하지만 그것은 큰 문제가 되지 않았습니다. 어차피 교황은 세속의 권력을 지배하는 사람이 아니기 때문에 영주들의 영토나 권력을 빼앗아 갈 위험이 적었고 세속의 지배자들 또한 지역 성직자들의 임명권을 가짐으로써 종교 권력과 세속 권력의 균형을 어느 정도 유지할 수 있었기 때문입니다.

이러한 구도는 그리스도교의 유명한 악마 사탄과 최후의 심판으로 대표되는 천국과 지옥에 관한 신학 이론이 중세 시대에 이르러 중요하게 연구되었다는 것에서도 유추할 수 있습니다. 당시의 교리에 의하면 악마의 대명사처럼 알려져 있는 사탄은 원래 만물을 주관하는 전능한 신에게 충성을 맹세한 위대한 천사였지만, 후일 신에게 반기를 들었다가 패배하여 지옥에서 저주를 받게 되는 타락 천사입니다.

신과의 약속을 파기하여 고통받는 사탄의 모습은, 봉건 사회에서 상위의 영주와의 신성한 약속을 파기한 나쁜 신하의 모습과 겹쳐졌습니다. 세상의 종말을 맞이하고 그 후에 벌어지는 최후의 심판 과정에서 신앙을 배반한 자들은 사탄과 함께 지옥의 가장 뜨거운 곳으로 떨어져 영원히 고통받게 된다는 것입니다. 그래서 영주나 농노들은 계약에 불만이 있더라도 신에게 대항한 악마 사탄처럼 취급되며 사회에서 '매장'될까 두려워 함부로 계약을 파기하고 반란을 일으키지 못했습니다.

또 교황과 성직자들은 봉건적 사회 구조에 대항한 반란자들에게 파문장을 수여함으로써 공공의 적으로 규정했습니다. 파문장을 받는 순간 그 사람은 신앙 공동체에서 쫓겨나 더 이상 가톨릭

교회의 보호를 받지 못하며 천국에 갈 수 있는 기회도 잃어버리게 됩니다. 다시 말해 그의 신체나 영토를 아무나 공격하고 차지하더라도 그는 아무런 항변도 할 수 없다는 이야기입니다.

그래서 봉건제 사회의 구성원들은 모두 내세를 책임지고 있는 교회와 교황의 힘에 굴복할 수밖에 없었습니다. 그러지 않으면 요즘 말로 '왕따'가 되는 것과 동시에 죽은 뒤에도 안락한 삶을 보장받을 수 없었기 때문입니다. 당대의 신학은 봉건제 사회라는 불합리한 지배 구조를 합리화하는 도구로서 기능했던 것입니다.

지동설의 위험성

이제 과학의 영역에 속함으로써 신학과 특별히 관련이 없어 보이는 천동설이 왜 교회의 지지를 얻었는지, 천동설을 부정하는 지동설이 당시에 왜 그렇게 미움을 받아야 했는지 알아볼 차례입니다.

지구가 전 우주의 중심이라는 천동설은 그리스도교와는 전혀 상관없는, 고대 그리스 시대에 살았던 천문학자 프톨레마이오스로부터 기원합니다. 그는 당시 그리스 철학자들의 생각을 받아들여 우주의 중심에 지구가 있고 태양을 비롯한 다른 별들이 지구 주위를 돌고 있다고 생각했습니다. 이러한 생각은 상당한 시간이

「성 토마스 아퀴나스」, 카를로 크리벨리 작, 15세기. 스콜라 철학은 신앙을 맹목적인 믿음이 아닌 이성을 통해 증명하려 했던 신학의 한 분파입니다. 아퀴나스가 천동설을 지지한 이유도 당시로서는 과학적이라고 생각되었던 천동설을 통해 신의 유일성을 증명하기 위해서였습니다.

흐른 후 신학을 최고의 학문으로 생각하던 학자들, 특히 스콜라 철학을 완성한 중세의 신학자 토마스 아퀴나스에게 받아들여져 당시 그리스도교의 중심 생각으로 자리 잡게 됩니다.

아퀴나스와 그리스도교가 천동설을 받아들인 것은 어떻게 보면 자연스럽습니다. 그리스도교에서는 전지전능한 신이, 우리가 살고 있는 지구와 사람들을 비롯해 세상의 모든 것을 창조했다고 생각합니다. 그렇다면 그런 전능한 신이 창조한 지구, 그 신을 찬양하는 사람들이 살고 있는 지구 역시 우주의 어느 끄트머리나 구석이 아닌 우주의 중심에 위치하는 것 또한 당연합니다. 그래야 만물을 주관하는 절대자인 신과 신을 추종하는 사람들의 위상이 손상되지 않기 때문입니다. 이런 맥락에서 프톨레마이오스가 주장한 천동설은 과학적 사실 여부를 떠나 당대의 신학이 추구하는 이치와 아주 잘 어울리는 주장이었던 것입니다.

반대로 한번 생각해 봅시다. 전지전능하고 절대자인 신이 창조한 지구가 여태껏 사람들이 생각했던 것과 다르게 우주의 중심이 아닌 변방에서 다른 별들과 함께 끝없이 떠돌아다닌다는 것이 알려지면 어떻게 될까요? 게다가 우주는 그 끝이 정해져 있지 않아, 태양이나 지구 같은 별과 행성들이 무한하게 펼쳐져 있습니다. 그런 사실이 알려지면 사람들은 자신들이 믿고 있는 신의 절대성에 대해 의심하게 되지 않을까요? 무한한 우주에 지구 같은 별이 저렇게나 많이 존재한다면 그런 별들을 창조한 또 다른 신도 존재하지 않을까 하는 생각을 할지도 모릅니다. 사람들을 두렵게 했던 지옥도 더 이상 무서운 공간이 아니라는 말입니다.

당시의 성직자들에게 이것은 소름 끼치도록 무서운 생각이었습니다. 온 우주에 전지전능한 신은 오직 하나라는 유일신 사상이 흔들리고, 나아가 중세를 지켜 온 정신적인 토대가 순식간에 무너질 수 있기 때문입니다. 코페르니쿠스가 주장한 지동설은 사회에 별로 영향을 끼치지 않는 과학적 발견처럼 보이지만, 그 이면에는 이렇게 한 사회의 의식 구조를 뿌리부터 바꾸어 놓을 수도 있는 혁명적인 주장이었던 것입니다. 오늘날 어떤 분야의 혁명적인 변화를 '코페르니쿠스적 전환'이라고 표현하는 이유이기도 합니다.

당시의 교회는 지동설을 결코 받아들일 수 없었습니다. 당대의 부패한 교회 권력에 회의를 느껴 가톨릭교회가 주장하는 내용에 대해 무려 95개조나 되는 반박문을 내세워 종교 개혁을 주장한 마르틴 루터조차 코페르니쿠스를 얼간이*라고 부른 것을 본다면, 당시에 지동설을 교회에서 얼마나 싫어했는지 알 수 있습니다. 종교 개혁가들이 바란 것은 가톨릭교회의 부패를 없애는 것이지 절대자로서 유일신의 교리를 흔드는 것까지는 아니었으니까요. 코페르니쿠스가 지동설을 발견하고도 40년 가까이 숨기다 죽기 직전에야 책으로 발표한 이유, 갈릴레이가 종교 재판에서 지동설을 저주하고 혐오한다며 자신의 주장을 뒤집은 것도 이런 측면에서 이해할 수 있겠지요.

비범한 용기

이렇게 서양의 중세는 모두가 교회의 우두머리인 교황의 권위에 벌벌 떨며 자신의 생각을 함부로 주장하거나 발표할 수 없는

● 케네스 C. 데이비스 『우주의 발견』, 이충호 옮김, 푸른숲 2003, 94면.

시대였습니다. 다른 견해도 있지만 중세가 암흑시대라는 별칭으로 불리는 이유이기도 합니다.

하지만 당시에 기억술을 가르치며 유럽을 떠돌던 조르다노 브루노라는 수사만은 달랐습니다. 당대를 지배했던 신학뿐 아니라, 여러 언어에 능통하고 형이상학을 다루는 자연 철학자이기도 했던 브루노는 새로운 지식을 탐구하는 것을 주저하지 않는 아주 박식한 사람이었습니다. 영국의 옥스퍼드 대학에서 벌어진 토론 시합에서 당대 최고의 학식을 가진 교수를 논리로 제압한 일화도 전해지지요. 그래서 브루노는 유럽 각지에서 상당히 인기 많은 강사이기도 했습니다.

브루노의 운명을 바꾸게 될 코페르니쿠스의 책 『천구의 회전에 관하여』가 그의 손에 들어온 것은 아직 젊은 브루노가 성 도미니크 수도원에서 공부에 매진하던 시절입니다. 당시의 수도원은 지금의 대학과 같아 최고의 지성인들이 모인 곳이었습니다. 하지만 수도원이 가르치는 신학 지식은 브루노의 지적 호기심을 충분히 채워 주지 못했습니다. 브루노는 교회가 금지하는 책을 몰래 보면서 새로운 지식을 쌓아 갔습니다. 코페르니쿠스의 책도 그중 하나였습니다.

지동설이라는 신선한 주장이 담긴 이 책은 지적 갈망에 빠져 있던 브루노를 설레게 만들었습니다. 태양과 별, 지구의 움직임을 과학적으로 다룬 내용은 브루노의 이성을 자극했고, 연구에 몰두한 브루노는 코페르니쿠스의 지동설을 넘어서는 무한 우주론을 주장했습니다. 그 내용은 태양은 무한한 우주에서 하나의 별에 불과하고 다른 별들도 마찬가지이며 지구 역시 우주에 흔한, 아무 특별할 것 없는 별에 지나지 않는다는 것이었습니다. 지금은 어린이도 알고 있는 당연한 이야기를 언급했지요. 그 과정에서 자신의 깨달음과 일치하지 않는 그리스도교의 교리를 비판한 것 또한 물론입니다.

이 주장은 교회를 자극하기에 조금도 부족함이 없었습니다. 브루노의 동료 수도사들은 브루노가 자신의 방에서 가톨릭 성인들의 초상을 치워 버렸다는 것을 포함해 무려 130가지나 되는 죄목을 들어 그를 이단이라고 고발했습니다.

그 후 브루노는 무려 15년간 도망 다녀야 했고 결국 베네치아에서 체포되었습니다. 그리고 그 이름만 들어도 무서운 종교 재판이 시작되었습니다.

지금 사람들에게 종교 재판소란 마녀 사냥이 벌어지고 혹독한 고문을 가하던 장소로 알려져 있지만, 사실 초기의 종교 재판은 교리에 대한 철학적 논쟁을 벌이는 곳으로 그런 잔혹한 이미지와는 거리가 멀었습니다. 설령 논쟁 과정에서 위험한 주장을 하다 고발된 사람이 이단으로 판명받아도 그들은 포교와 관용의 대상이므로 가급적이면 잔혹한 형벌을 자제하자는 것이 종교 재판소의 태도였기 때문입니다. 하지만 초기의 온정적 경향은 점차 교회와 다른 생각을 하는 사람이 늘어나면서 변해 갔습니다. 중세 교회가 누리는 부와 권력에 의심을 품은 사람들이 점점 세력을 확보하자 그 흐름을 차단하기 위해 그들을 신앙의 이름으로 단죄하여 고문하고 화형에 처하는 등 끔찍한 형벌을 내리기 시작한 것입니다. 동시에 세속 권력과 결합하여, 봉건 영주들이 자기 마음에 들지 않는 사람들을 이단으로 고발하면 신앙의 이름으로 처형함으로써 자신들의 권력을 공고히 했습니다. 중세의 종교 재판소가 악명을 얻기 시작한 이유입니다.

브루노의 초인적인 용기가 발휘된 곳도 바로 여기서부터입니다. 종교 재판관들은 애초에 브루노와 논쟁을 할 생각이 없었습니다. 그들 또한 브루노가 뛰어난 학자이며 그와 토론을 해서 이기기는 어렵다는 것을 알고 있었기 때문입니다. 그들이 선택한 방법은 논쟁이 아닌 고문이었습니다. 고문으로 브루노의 의지를 꺾어 갈릴레이처럼 자기 의견을 스스로 비판하고 철회하게 만들려는 의도였지요. 브루노는 자그마치 8년간이나 좁고 지저분한 감옥 안에 갇혀 발가벗겨진 채 거꾸로 매달리는 고문은 물론, 혀와 입천장을 송곳으로 뚫는 잔인한 고문을 무려 22차례나 받아야 했습니다.

하지만 브루노는 자신이 옳다고 생각한 학문과 진리를 결코 배신할 수 없었습니다. 모진 고문에도 불구하고 "나는 내 주장을 철회할 것이 없고 후회할 것도 없다."라는 최종 선언을 합니다. 이 선언을 끝으로 종교 재판은 브루노에게 화형을 선고하며 마무리

되었지요. 재판장이 내리는 사형 선고를 들은 후 브루노는 겁에 질려 용서를 비는 대신 오히려 진리를 외면하고 부당한 재판을 하는 재판부를 조롱했습니다.

"판결을 내린 당신들이 그것을 듣고 있는 나보다 훨씬 더 두려움에 떨고 있을 것이오."**

이런 면들을 보면 브루노의 재판은 판사와 죄인의 대결이라기보다 불편한 진실을 은폐하려는 사람과, 진리 앞에 용기 있는 사람의 투쟁이었다고 표현하는 게 더 적절할지도 모르겠습니다.

마침내 운명의 사형 집행일 날, 매우 총명했지만 자기 견해를 철회할 만큼 약삭빠르지는 못했던 브루노는 고문 후유증으로 창백한 얼굴에 군데군데 살이 패어 뼈가 드러난 비참한 모습으로 수레에 실린 채 로마 구석구석을 돌아다니며 사람들의 구경거리가 되었습니다. 그중 어떤 사람은 고통을 견디는 브루노를 보고 비아냥대기도 했지요.

"곧 네놈이 주장하는 무한한 우주로 갈 터이니 행복하겠구나."

그렇게 시내를 한 바퀴 돈 후 마침내 브루노가 말뚝에 묶여 화형대에 오르자 사방이 조용해졌습니다. 혹시라도 고통을 못 이긴 브루노가 제발 용서해 달라고 애원할지도 모른다는, 조금은 잔인한 기대 때문이었습니다.

● 같은 책 107면.
●● 같은 곳.

하지만 그런 기대를 배신하며 브루노는 조용히 숨을 거두었습니다. 그와 함께 브루노가 사형을 당하기 전 감옥에서 쓴 유서 또한 개봉조차 되지 않은 채 불타 사라졌지요. 아마도 중세의 사회구조를 흔들, 또 다른 위험한 주장이 나올까 봐 두려워한 나머지 불태웠을 겁니다.

브루노의 화형이 집행된 후, 당시 로마의 신문 『아비시 디 로마』는 1600년 2월 19일자에 브루노의 죽음에 관해 이렇게 전했습니다.

"목요일 오전에 피오리 광장에서 나폴리 놀라 출신의 그 흉악무도한 도미니코 수사가 산 채로 화형을 당했다. 그 범죄자에 대해서는 최근 호에서 이미 다룬 바 있다. (…) 그 악한은 죽음까지도 불사했다. 자신은 순교자로 죽임을 당하는 것이며 자기 영혼은 화염에서 천국으로 날아오를 것이라고 한다. 그는 이제 자신의 주장이 사실인지 아닌지 알게 될 것이다."•

브루노가 화형대에서 불타오른 후 400년이 지난 지금, 우리는 누구의 주장이 사실인지 알고 있습니다. 우리가 살고 있는 지구는 태양의 주위를 끝없이 돌고 있으며, 그 태양마저도 무한한 우주에서 아주 작은 자리를 차지할 뿐이라는 것을 말이지요.

1983년에 교황청은 비록 철회했지만 지동설을 주장하다 당시의 종교 재판에서 불복종 죄로 유죄 판결을 받은 갈릴레이를 복권시

• 우도 마르크바르트 『팝콘 먹는 소크라테스』, 서유정 옮김, 휘슬러 2003, 290면.

이탈리아에 있는 브루노의 동상. 동상은 교황청이 있는 바티칸 시국을 바라보는 방향으로 세워져 있습니다. 동상 아래에는 브루노의 용기를 기리는 여행자들이 바친 꽃들이 놓여 있기도 하지요.

켰습니다. 당시의 재판이 잘못되었으며 갈릴레이에게는 죄가 없다고 정정한 것입니다.

하지만 이성을 억압하는 무지에 끝까지 저항했던 브루노는 아직 복권을 받지 못했습니다. 19세기 후반, 브루노의 사상과 투쟁을 존경했던 『레 미제라블』의 작가 빅토르 위고를 비롯한 여러 사람들이 브루노가 화형을 당했던 바로 그 장소에 브루노 동상을 세우려 하자 당시 교황 레오 13세는 불편한 심기를 내비쳤지요. 이것만 보아도 브루노가 당시 교회에 얼마나 위험한 존재였는지 짐작할 수 있을 것입니다.

하지만 오늘날 브루노의 동상은 그를 잊지 않는 사람들의 노력으로 이탈리아 캄포 데 피오리 광장의 한가운데에 우뚝 서 있습니다. 검은색 후드를 걸친 수도사의 모습을 한 동상의 좌대에는 이렇게 새겨져 있습니다.

"브루노에게.

그대가 불에 태워짐으로써 그 시대가 성스러워졌노라."•

• 김홍식 『세상의 모든 지식』, 서해문집 2007, 220면.

2

법정에 선 임금님

찰스 1세와 절대 왕정 시대, 16~17세기

잉글랜드의 누구보다 법률을 잘 알고 있다. (…)
이유 없이 한 사람에게 신념을 강요하는 것은 비이성적이다.*

찰스 1세, 국왕 재판 법정에서

● * 김중락 「국왕 죽이기」, 『영국 연구』 15호, 영국사학회 2005, 67면.

절대 왕정

앞에서 살펴보았듯이 봉건제와 교회 중심의 세계관은 경제 구조와 사상의 측면에서 중세 유럽을 특징짓는 중요한 요소입니다. 하지만 사람들의 생각이 점차 깨어나고 과학이 발전함에 따라 중세 사회는 많은 도전을 받았습니다. 이와 함께 11세기 말에 시작되어 200여 년간 수차례에 걸쳐 벌어진 십자군 전쟁은 경제적 변화를 가져와 중세의 권력 구조를 바꾸는 결정적인 계기가 됩니다.

십자군 전쟁은 그리스도교 신자에게는 '이교도'인 무슬림들이 차지하고 있는 성지 예루살렘의 탈환을 목적으로 시작되었습니다. 이 전쟁은 초기에 교회와 교황의 권위를 높여 주었습니다. 속내야 어떻든 전쟁의 명분은 분명히 신앙을 위한 것이었으며, 교황의 명에 따라 수많은 세속 영주들이 집결하는 것은 교황의 위세를 확인해 주었으니까요.

하지만 십자군 전쟁이 길어짐에도 불구하고 성지 탈환에 실패하며 전쟁이 수포로 돌아가자 이 전쟁은 오히려 교권을 추락시키게 됩니다. 교황과 성직자들이 아무리 신의 가호를 받는 전쟁이라 주장하더라도, 신실한 신자들의 죽음을 피할 수 없었기 때문입니다. 수많은 봉건 영주와 기사들이 전사함에 따라 곳곳에 영지 주인의 자리가 공석이 되었고, 그 과정에서 교황의 지배권과 교회의 권위에 대한 심각한 의문이 생겨났습니다.

물론 아직까지는 전능한 신에 대한 의심은 아니었습니다. 다만 신의 권능을 위임받은 지상의 대리자라고 믿어 온 교황과, 그가 지배하던 교회의 권력에 대한 의심이었지요. 하지만 그 때문에 봉건제를 지탱해 왔던, 신성한 계약에 대한 믿음 또한 흔들리게 되었습니다.

그럼 십자군 전쟁에서 살아 돌아온 영주들은 어떻게 되었는지 알아봅시다. 먼저 장기간 벌어진 전쟁에서 생겨난, 주인 없는 빈 땅들은 어떻게 되었을까요? 추측하기가 어렵지는 않습니다.

이런 빈 땅들은 땅 넓히기를 좋아하는 왕이나 영주들의 먹잇감이 되었습니다. 특히 봉건제하에서 형식적인 주종 관계에 만족하던 유럽 각국의 왕들이 가장 큰 혜택을 보게 되었습니다. 주인 잃은 땅을 처분할 수 있는 권한이 왕에게 있었기 때문입니다. 왕들은 그러한 땅을 자신이 직할하는 영토로 편입하여 직접 다스리기 시작합니다. 물론 그 토지가 다른 봉건 영주와 계약되어 있거나, 영주의 후계자가 있는 경우도 있었지만 그런 것쯤은 살짝 무시해도 괜찮습니다. 교황의 권위가 실추되고 있는 시점이어서, 계약을 파기하여 간악한 사탄으로 몰린다 하더라도 그 정도 문제쯤은 큰 땅을 얻어 직접 지배함으로써 얻는 권력과 이익을 생각하면 충분히 감내할 수 있었기 때문입니다. 루터의 종교 개혁 이후 지옥에 가는 것은 교황이나 성직자의 마음이 아니라 자신의 믿음에 달려 있다는 생각이 널리 퍼진 것도 왕들에게 도움이 되었습니다. 영토를 넓히기 시작한 왕들은 점차 세력을 확장하기 시작합니다. 그러면서 이전과는 달리 강력한 힘을 가진 왕들이 곳곳에 나타났습니다.

또한 비슷한 시기에 발생하여 당시 유럽 인구 1/3의 목숨을 앗아 간 흑사병도 봉건 제도의 기초를 흔들었습니다. 흑사병으로 인구가 급격히 감소하자 노동력이 심하게 부족해져서 살아남은 사람들의 가치가 크게 상승했기 때문입니다. 어디를 가도 일할 사람이 부족했으므로 농노들에 대한 대우도 자연히 좋아졌습니다. 그 과정에서 영주의 지배에서 벗어나 토지를 소유하거나 도시로 이주하여 자유인이 되는 농노들도 점차 늘어났습니다. 자기 장원에서 일을 해 줄 농노가 부족해진 영주들은 몰락하거나, 왕에게 흡수되는 운명을 맞이하게 됩니다.

이렇게 여러 봉건 영주들의 땅을 얻어 큰 영토를 가지게 된 왕은 권력이 점차 커지기 시작합니다. 하지만 그에 따른 문제점도 동시에 생겨났습니다. 땅이 커지면 커질수록 직접 운영하기 어렵기

「십자군의 콘스탄티노플 입성」, 외젠 들라크루아 작, 1840년. 십자군 전쟁은 '성지 탈환'이라는 거룩한 명분의 이면에 서유럽 영주들의 영지 확장과 시장 개척이라는 정치적, 경제적 동기가 숨어 있었습니다. 십자군이 같은 그리스도교 도시인 콘스탄티노플을 공격하고 약탈하는 모습은 전쟁의 숨겨진 목적을 드러내고 있습니다.

때문입니다. 봉건제 사회에서는 충성 계약을 맺은 영주가 대신해서 운영해 줬지만 이제는 그럴 수가 없습니다. 게다가 새로 얻은 영토에서 수시로 반란이 일어났습니다. 지옥과 사탄이 남의 일이라는 것을 깨달은 사람은 왕 혼자만이 아닌 것입니다.

이런 상황에 놓인 왕이 할 수 있는 일은 무엇일까요? 사람들의 정신을 지배하던 천국과 지옥의 개념도 더 이상 도움을 주지 못하는 상황에서 말입니다. 답은 어렵지 않습니다. 자신의 땅을 운영해 줄 사람을 고용하고, 반란이 일어나면 언제든지 진압할 수 있는 군대를 만들면 됩니다. 요컨대 중세처럼 교리를 통해 사람들의 정신을 제압하는 것이 아니라 직접적인 힘으로 다스린다는 이야기입니다.

다만 왕은 고용하는 사람에게 봉건제의 영주처럼 많은 권한을 주지 않았습니다. 군대를 가진 왕의 강력한 힘을 바탕으로 왕의 마음에 따라 해고와 고용을 자유롭게 했고 권한도 제한적으로 주었습니다. 이렇게 하면 왕은 영토에 대한 반란이나 운영 걱정 없이 권력을 영토 끝까지 멀리멀리 행사할 수 있게 되지요. 이러한 제도를 관료제와 상비군이라고 합니다.

관료제와 상비군은 지배자의 입장에서는 참 좋은 제도입니다. 자신의 뜻대로 영토를 충실하게 관리할 수 있으니까요. 이쯤에서 이렇게 좋은 제도를 왜 예전에는 도입하지 못했을까 하는 의문이 들 것입니다. 이유는 간단합니다. 관료제와 상비군 제도를 운용하기 위해서는 돈이 어마어마하게 많아야 했기 때문입니다. 쉽게 말해 관료나 군인들에게 줄 봉급이 필요하지요. 어떤 생산 활동도 하지 않으면서 지배자의 일을 대신하거나 전쟁 준비만 하는 대규모 인력을 유지하는 데에는 생각보다 많은 비용이 들어갑니다. 농사를 지어 자급자족하던 중세의 영주들에게는 그런 큰돈을 마련할 방법이 없었습니다.

하지만 십자군 원정과 '지리상의 발견'을 통해 물류의 이동에 따른 상업의 발달을 지켜본 이 시기의 왕들은 달랐습니다. 나침반이 전해지고 원양 항해 기술이 발달하면서 유럽 상인들은 인도와 '신대륙'으로 향했고, 왕들은 이런 상인들을 후원하여 현지에서 생산되는 향신료와 금은 무역을 통해 막대한 이익을 얻게 되었습니다. 이와 함께 신항로에 있는 여러 식민지를 통해 돈을 끌어모을 수 있게 되었습니다. 스페인 여왕의 후원을 얻어 '신대륙'에 발을 내디딘 콜럼버스나, 포르투갈 왕의 후원을 받아 아프리카의 희망봉을 돌아 인도로 향한 바르톨로메우 디아스 등이 바로 신항로 개척에 앞장선 이들입니다. 다시 말해 이 시기의 권력자들은 중세의 장원을 통한 농업보다 상업을 우선시하는 중상주의 정책을 펼침으로써 관료제와 상비군을 운용할 자금을 확보하게 된 것입니다.

자신의 손발과 같은 신하, 그들을 통제할 수 있는 군인, 그리고 그 모든 것을 가능하게 하는 자금. 이렇게 관료제, 상비군, 중상주의라는 세 가지 정책을 시행한 왕은 중세의 영주와 달리 절대 권력, 강력한 지배력을 가지게 됩니다. 오랜 기간 지속되었던 봉건 제도와 그 경제적 토대가 되었던 장원 경제가 막을 내리고 근세 시대의 문을 여는 '절대 왕정'이 시작되는 순간입니다.

짐이 곧 국가다

스스로 태양왕이라 칭했던 프랑스의 루이 14세가 한 "짐이 곧 국가다."라는 말만큼 절대 왕정을 잘 설명해 주는 표현은 없을 것입니다. 루이 14세가 아니라 그의 전기를 쓴 볼테르가 한 말이라는 이야기도 있지만, 어느 쪽이든 간에 절대 왕정에서는 국가의 모든 권력이 왕 한 명에게 집중되어 있다는 것을 설명하는 적절한 표현이지요.

절대 왕정에서 왕의 행위는 곧 국가의 행위였습니다. 왕의 행위는 국가의 법을 만드는 입법, 그 법에 따라 국가를 운영하는 행정, 법의 적용이 적절한지 여부를 판단하는 사법 과정과 동일시되었습니다. 그래서 왕을 욕하는 것은 국가를 모욕하는 것이고, 왕에게 대항하는 것은 곧 국가에 대한 반역 행위가 되었습니다. 왕은 법 위의 존재로서 누구도 침범할 수 없는 절대적 존재가 되는 것이지요. "짐이 곧 국가다."라는 말에는 이런 뜻이 담겨 있습니다.

이런 것을 가능하게 하는 것이 앞서 말한 왕이 가진 힘, 즉 관료제와 상비군과 풍부한 자금이지요. 하지만 이런 것들을 마련해 놓았다고 해서 왕은 자기 자리에서 쫓겨나지 않는다고 언제까지나 안심할 수 있을까요? 힘으로 다른 사람들을 지배한다는 것은, 다른 누군가가 왕보다 더 힘이 세진다면 언제든지 왕을 끌어내릴 수 있다는 이야기와 같습니다. 그러니까 '힘이 있을 때만 왕이고 힘이 없으면 왕이 아니다.'라는 명제는 절대 왕정과 어울리지 않습니다.

절대 왕정 시대의 왕들 또한 봉건제 사회의 영주들처럼 언제 어떤 상황에서도 권력을 지킬 수 있는 철학적 수단을 만들 필요가 있었습니다. 왕의 권력은 절대로 건드리면 안 된다는 내용을 담은 이론 말입니다. 이것이 있어야 밤에 잠을 편하게 잘 수 있겠지요. 그런 고민 끝에 나온 이론이 바로 왕권신수설입니다. 왕의 권한은 지엄하고 절대적인 신에게 직접 받은 것이므로 왕은 모든 정치적 책임을 신에게만 지고, 왕의 신민들에게는 어떠한 책임도 지지 않는다, 모든 신민은 왕에게 무조건 복종해야 하고, 만약 왕에게 대항할 경우 그것은 신에게 대항하는 것과 동일하므로 배덕의 행위가 된다는 이론입니다.

여기서 조금 이상하다는 생각이 들지도 모르겠습니다. 조금 전에 교황의 권력이 약해졌다고 했는데 또다시 왕권을 보호하는 수단으로 절대적인 신이 등장하니까요. 사실 신의 권위를 빌려 영주권이나 왕권을 보호하는 것은 중세 시대나 절대 왕정이나 큰 차이가 없습니다. 다만 중세에는 신의 권위가 교황이라는 매개자를 통해 영주에게 전해진 것이라면, 절대 왕정의 시대에는 신에게서 왕으로 직접 부여되었다는 것이 다를 뿐이지요.

왕권신수설은 신의 권위를 인정하는 점에서는 중세와 큰 차이가 없지만, 신의 위임을 받아 지상을 통치하는 권위자가 누구냐에 있어 교황보다 왕을 더 높이는 이론입니다. 신과 왕이 교회를 거치지 않고 직접 소통한다는 논의에 따르면 지상의 영토 내에서 왕을 견제할 자는 아무도 없다는 것이 논리적 귀결이기 때문입니다. 이렇게 절대 왕정은 왕권신수설을 이론적 기초로, 관료제와 상비군, 중상주의를 방법적 토대로 하여 전성기를 구가하게 됩니다.

종교를 버린 이혼

1000년이 넘게 위세를 떨쳤던 교황의 권위를 무시하는 절대 왕정의 위력은 대서양 건너 영국에서 적나라하게 드러나게 됩니다. 16세기 초 영국은 헨리 8세라는 왕이 다스리고 있었습니다. 헨리 8세가 집권하기 전에는 영국 역시 왕과 지방 귀족들의 세력이 균형을 이루고 있었습니다. 아니, 오히려 영국에서는 지방 귀족들이 봉건 계약에 근거한 자신들의 권리를 보전하기 위해 대헌장(Magna Carta)이라는 문서를 만들어 왕의 권력을 제한할 정도로 귀족의 권한이 강대했습니다.(이는 후일 나라에 중대한 사건이 발생했을 때 왕이 귀족과 평민 중에서 선발된 사람들을 소집하여 그들의 의견을 듣는 의회의 형태로 나타나게 되었습니다. 이런 일이 몇 차례 반복되자 의회는 왕의 권한을 견제하는 기구로 자리 잡게 되는데 이것이 오늘날 의회의 기원입니다.)

하지만 봉건 사회를 유지해 오던 영국 역시 시대의 변화를 거스를 수는 없었습니다. 영국도 십자군 전쟁은 물론, 영토와 영지를 넓히기 위해 프랑스와 벌인 백 년 전쟁, 왕권을 두고 영국 귀족 사이에 벌어진 장미 전쟁과 같이 잇따른 전쟁을 치르며 귀족의 세력이 약화되었고 자연스럽게 왕의 힘이 강해진 것입니다. 장미 전쟁이 끝난 직후 의회에 출석한 세속 영주의 수가 29명에 불과했던 것은 더 이상 귀족 세력이 왕을 위협하기 어렵게 되었다는 것을 잘 보여 줍니다. 또한 봉건 영주들로부터 독립하면서 신분이 올라가 새로이 의회로 편입된 사람들의 협조 덕분에 헨리 8세는 강한 왕권을 바탕으로 의회의 견제 없이 자신의 정책을 펼쳐 나갈 수 있었습니다.

이때까지만 해도 교황과 헨리 8세의 사이는 그렇게 나쁘지 않았습니다. 하지만 헨리 8세가 교황에게 이혼을 허락해 달라고 요청하면서 결정적인 파국이 오게 됩니다.

가톨릭교회는 교리상 이혼을 허락하지 않기에 당연히 교황은 이혼을 허가하지 않았습니다. 하지만 헨리 8세는 첫 번째 부인인 캐서린과의 사이에 아들이 없다는 이유로 이혼을 강행했고, 교황은 명령을 어긴 대가로 헨리 8세를 파문에 처했습니다. 파문이라니! 만약 중세 시대였다면 엄청난 형벌이었겠지요. 파문을 당한 사람은 공동체에서 추방된 존재로 마치 들짐승과도 같아 먼저 '사냥'하는 사람이 임자였기 때문입니다. 파문당한 자가 소유한 영토나 재산을 함부로 강탈해도 법적이나 도덕적으로 비난을 받지 않는다는 이야기입니다.

하지만 루터의 종교 개혁 이후 교황을 통하지 않는 다른 신앙의 방법이 있다는 것을 깨달은 헨리 8세는 파문을 두려워하지 않았습니다. 오히려 교황의 파문을 비웃듯 스스로 가톨릭교회를 탈퇴하고 성공회라는 새로운 교회를 만들고는 직접 우두머리가 되는 초강수를 두었습니다. 당황한 교황은 자신을 추종하는 가톨릭 군주들인 프랑스의 프랑수아 1세와 스페인의 카를로스 5세에게 헨리 8세를 응징할 것을 종용했지만 영국과의 대립을 꺼리던 그들은 이를 거절했습니다. 교황의 영향력이 그전에 비해 얼마나 약해졌는지 알 수 있는 대목입니다.

교황과 귀족들의 영향력에서 자유로워짐으로써 거칠 것이 없어진 헨리 8세의 강력한 왕권은 큰딸인 메리 여왕과 둘째 딸인 엘리자베스 1세에게 차례로 전해졌고 영국은 절대 왕정의 시기로 나아가게 됩니다. 특히 엘리자베스 여왕은 '해적왕' 드레이크로 대표되는 강력한 해군력과, '신대륙'에서 들어오는 자금을 바탕으로 귀족들을 철저히 통제함으로써 해가 지지 않는 대영 제국의 발판을 마련했지요.

하지만 영원히 지속될 것 같았던 절대 왕정은 엘리자베스 여왕이 죽고 나자 바로 위기를 맞이하게 됩니다. 여왕에게 후계자가 될 자식이 없었기 때문입니다. 마땅한 후계자를 찾지 못하던 영국 왕의 자리는 엘리자베스 1세의 먼 친척뻘인 스코틀랜드의 제임스 1세에게 넘어가게 되었습니다.

왕의 적자가 아니라는 배경 때문에 제임스 1세는 처음부터 영국 의회와 국민들의 열렬한 지지를 받지 못했습니다. 제임스 1세의 어머니가 엘리자베스 1세 시절 영국에 반란을 일으켰던 메리 스튜어트라는 것도 제임스 1세의 입지를 약화시켰습니다. 게다가 헨리 8세와 메리 여왕, 엘리자베스 1세의 지배 기간 동안 영국 국민들은 왕이 바뀔 때마다 가톨릭과 성공회, 청교도 중 특정 종파의 사람들이 번갈아 탄압을 받았기 때문에 슬슬 절대 왕정이 야기하는 여러 문제에 질려 가고 있었습니다. 이런 정치적 상황에서 영국 국민들은 제임스 1세를 통해 왕권이 약화되길 바랐던 것입니다.

하지만 절대 왕정과 왕권신수설에 관한 정치학 논문을 쓰기도 했던 제임스 1세는 의회의 간섭 없이 강력한 왕권을 휘두르기를 원했습니다. 시작부터 서로 전혀 다른 생각을 가지고 있었기 때문에 제임스 1세의 집권 기간 내내 왕과 의회가 끊임없이 다툰 것은 불가피한 일이었습니다.

제임스 1세는 원하는 만큼 의회를 장악하지 못했습니다. 등극

초기부터 지지도가 낮았던 탓이기도 하지만, 성공회와 가톨릭, 청교도 사이에서 벌어진 종교 갈등을 중재하는 데에 실패하고 왕 자신의 사치로 자금이 부족해진 것도 주요한 이유입니다. 제임스 1세에게는 드레이크처럼 자금을 보충해 주는 신하도 없었고, 그러다 보니 상비군도 약해졌습니다. 세금을 걷기 위해서는 의회의 협력이 필요한데, 의회와 왕은 늘 싸우고만 있어서 그것도 여의치 않았습니다.

절대 왕정이 유지되기 위한 세 가지 중요 요소인 관료제, 상비군, 자금이 엘리자베스 1세 시절처럼 원활하게 돌아가지 않은 것이지요. 결국 제임스 1세는 의회와 관계를 회복하지 못하고 의회의 해산과 재개를 반복하며 다투다 세상을 떠나게 됩니다. 제임스 1세의 뒤를 이은 왕이 바로 이번 이야기의 주인공인 찰스 1세입니다.

사형수가 된 왕

제임스 1세의 아들 찰스 1세는 성장 기간 내내 아버지가 의회와 다투는 것을 보면서 자랐습니다. 그 때문에 왕위에 오른 뒤에 모든 정책을 의회와 의논하기보다 총애하는 신하인 버킹엄 공작과 상의해 처리하는 것을 선호했습니다. 그러다 보니 의회는 의회대로 더욱 화가 날 수밖에 없었습니다. 가뜩이나 아버지와도 사이가 나빴는데 그 아들인 왕마저 의회를 무시하니까요.

둘 사이의 관계는 시간이 흐를수록 최악으로 치달았습니다. 그리고 의회의 비협조로 프랑스와의 전쟁에서 패배하고 스코틀랜드 지방에서 반란까지 일어나자 찰스 1세의 권위는 그야말로 땅에 떨어지게 되었습니다. 결국 찰스 1세는 의회의 협조를 얻기 위해 한 걸음 물러날 수밖에 없었습니다. 왕의 양보를 받은 의회는 '지금이 기회다'라는 심정으로 왕의 권한을 축소하고 의회의 권한을 높이는 권리 청원을 비롯해 여러 법안을 제안했습니다. 찰스 1세는 눈물을 머금고 서명했지만 마음속에서는 의회에 대한 반감이 더욱 깊어지고 있었지요.

그러던 어느 날 결국 찰스 1세는 사사건건 반대하는 의회를 아예 말살하기로 마음먹고 자신이 이끄는 상비군을 통해 의회에 전쟁을 선포합니다. 국왕과 의회의 전쟁이라는 희귀한 형태의 내전은 두 차례에 걸쳐 무려 8년 동안이나 지속되었습니다. 국민들은 왕을 지지하는 왕당파와 의회를 지지하는 의회파로 나뉘었지요.

내전을 의회파의 승리로 종결시킨 것은 나중에 영국의 호국경이 되는 올리버 크롬웰이라는 뛰어난 전략가였습니다. 찰스 1세는 의회에 체포되었고 의회는 찰스 1세를 '국가에 대한 반역'이라는 죄명을 붙여 재판정에 세우게 되었습니다.

서양 역사상 거의 처음으로 벌어진 왕에 대한 재판은 이렇게 시작되었습니다. 물론 왕이 재판을 받은 경우가 역사 속에 있기는 합

「사냥 중인 찰스 1세」, 안토니 반다이크 작, 1635년경. 절대 왕정 시기에는 모든 것이 왕의 권위를 드러내는 요소로 사용되었습니다. 밝은 얼굴로 자신 있게 응시하는 찰스 1세에 비해 어두운 피부로 초라하게 묘사된 시종들과, 왕에게 고개를 숙인 말의 모습은 왕의 위엄을 은유적으로 나타내고 있습니다.

니다. 하지만 대부분 왕위에서 쫓겨난 경우나 또는 다른 나라와의 전쟁에서 진 후 그 나라의 법에 따라 재판을 받은 경우에 해당합니다. 반면 찰스 1세의 재판은, 재판 직전 크롬웰이 "우리는 왕관을 씌운 채로 왕의 머리를 자를 것이다."*라고 그의 측근에게 말한 것처럼 현재 군림하고 있는 왕을 재판한다는 것을 명확하게 밝히고 있다는 점에서 놀랄 만한 일이 된 것이지요.

역사상 초유의 일인 만큼 왕에 대한 재판은 여러 논쟁을 불러일으켰습니다. 왕권신수설을 통해 신의 대리인이라고 믿어 왔던 왕이 보통 사람과 똑같이 재판을 받는다는 사실은 영국 국민들에게도 많은 충격을 주었습니다. 처음에는 왕의 재판에 참여하기로 한 재판관이 135명이었지만, 차츰 불참하기 시작하면서 나중에 사형 집행에 서명한 사람은 59명밖에 되지 않은 것이 그 증거입니다. 게다가 현재 나라를 다스리고 있는 왕을 사형할 법적 논리도 명확하지 않았습니다. 절대 왕정 시대의 캐치프레이즈인 "짐이 곧 국가다."라는 말을 빌리자면 찰스 1세의 죄목인 '국가에 대한 반역'을 설명하는 것이 불가능했습니다. 자신에 대한 반역을 저지를 수 있는 사람은 없으니까요.

재판정에 선 찰스 1세와 지지자들은 왕권신수설의 논리로 스스로를 변호하며, 왕의 재판을 담당한 고등 법정이 오히려 불법을 자

● 같은 글 72면.

행하고 있다고 주장했습니다.

"국왕의 죄가 무엇이든 간에 그는 범죄자가 아니며, 어떤 법정에도 잘못한 것이 없다. 왕은 다만 신의 법정에만 책임을 진다."•

하지만 당시 국왕의 재판을 담당한 의회는 왕의 이런 논리에 반박하며 역사적인 결의문을 내놓았습니다.

"인민이 모든 권력의 원천이며, 인민에 의해 선출되었고 인민을 대표하는 잉글랜드 하원이 이 나라의 최고 권력이다."••

이 결의문은 매우 중요한 의미가 있습니다. 이는 국가의 최고 권력인 주권이 왕에게 있다는 왕권신수설의 논리를 정면으로 부정하며, 국가의 주권은 신에게서 내려오는 것이 아니라 국가를 구성하는 국민들에게 있다는 주권 재민의 원칙을 명백하게 밝히고 있기 때문입니다. 이제 국가의 권력을 가진 주권자가 잘못을 저지른다면 이는 신이 아닌 인간의 뜻에 의한 것이므로 시시비비를 가릴 수 있습니다. 동시에 국왕은 국가와 분리되며 국가 안에 있는 구성원 중 하나에 불과해지고, 국가의 구성원 모두는 의회가 제정하는 법의 지배 아래에 있게 됨으로써 진정한 법치 국가가 시작되는 계기가 되었습니다.

• 같은 글 53면.
•• 같은 글 54면.

역사의 아이러니

하지만 찰스 1세는 끝까지 자신이 적절한 법에 따라 재판을 받는다고 생각하지 않았습니다. 왕은 신의 대리인이기 때문에 지상의 법에 따라 받는 재판은 그 자체로 무효라고 생각했기 때문입니다. 그는 단지 운이 없어 폭력과 악의로 가득한 불량한 무리들에게 고난을 당하는 것이라고 믿었습니다. 그래서인지 찰스 1세는 죽음이 오는 순간까지 뜻을 굽히지 않았고 담담하게 처형을 받아들였습니다.

찰스 1세의 처형장은 루벤스를 비롯한 당대의 유명한 화가들의 그림으로 채워진 화이트홀 궁전의 연회장 근처로 정해졌습니다. 재임 중에 찰스 1세가 그리스 신들을 묘사한 그림이 가득한 그 안에서 자신 역시 그들과 동등하다고 여기며 연회를 벌였던 것을 생각하면 제법 어울리는 결말이 아닌가 합니다.

하지만 역사의 아이러니라고 할까요? 찰스 1세가 사형에 처해지자 영국은 그 후임으로 왕을 세우지 않고 찰스 1세를 무찌르는 데 큰 공을 세운 올리버 크롬웰을 지도자로 내세웠습니다. 더 이상 왕이 절대 권력을 휘둘러 의회를 억압하지 못하도록 한 것이지요. 하지만 크롬웰 역시 의회가 자꾸 자신의 정책에 반대하자, 찰스 1세처럼 의회를 폐쇄하게 됩니다.

결국 크롬웰은 자신의 손으로 사형시킨 왕과 다름없이 독재 정치를 펼치다가 죽게 되었고, 크롬웰의 정치에 환멸을 느낀 영국 국민들은 프랑스로 망명을 떠났던, 찰스 1세의 아들 찰스 2세를 불러 다시 왕으로 세우게 됩니다. 이른바 청교도 혁명이라고 일컬어지는 사건의 기묘한 결과입니다. 그리고 영국은 그 후부터 지금까지 변하지 않고 왕을 모시는 국가가 되었습니다.

유럽의 한쪽에 있는 섬나라에서 사상 최초로 벌어진 왕에 대한 재판은 절대 왕정이 계속되던 다른 여러 나라의 왕들을 긴장시키기에 충분했습니다. 언제까지라도 완벽하게 작동할 것만 같았던 절대 왕정도 쉽게 무너질 수 있다는 것을 보여 주었기 때문입니다. 유럽 여러 나라는 영국과 같은 일이 자기네에게 닥치지 않도록 내부를 단속해야만 했습니다. 하지만 한번 터지기 시작한 역사의 물줄기를 다시 돌릴 수는 없는 법. 권력은 이미 신에게서 왕으로, 그리고 왕에게서 국민으로 조금씩 이동하고 있었지요. 그 결과는 찰스 1세가 사형되고 나서 얼마 후에 당시 유럽 대륙의 중심 국가였던 프랑스에서 좀 더 명확하게 확인할 수 있습니다.

3

여자, 단두대에 오르다

올랭프 드 구주와 프랑스 혁명, 17~18세기

오, 여성이여, 여성이여! 언제가 돼야 눈을 뜰 것인가?
혁명에서 여성은 무슨 이익을 얻었던가?
더욱 분명한 멸시와 더욱 두드러진 경멸을 얻었을 뿐이다.*

올랭프 드 구주의 「여성과 여성 시민의 권리 선언」 중에서

● 류은숙 『인권을 외치다』, 푸른숲 2009, 48면.

로크가 펼친 사회 계약론은 프랑스에 큰 충격을 주었습니다. 당시 프랑스 지식인들의 생각은 왕권신수설이나, 군주가 당연히 주권을 가지고 있어야 한다는 군주 주권론 정도에 머물러 있었습니다. 그런 사람들에게 모든 인간은 태어나면서부터 인간으로서 권리가 있으며, 단지 자신의 권리 일부를 계약을 통해 왕에게 위임한 것에 지나지 않으므로 인간은 왕에게 저항할 권리가 있다는 이론은 놀라운 것이었지요.

후에 계몽주의자라고 불리게 되는 프랑스 지식인들은 영국의 앞선 정치사상을 프랑스에 소개해야겠다고 생각했습니다. 로크의 사회 계약론을 전파한 볼테르를 비롯해, 계몽사상을 담은 백과전서 편찬을 주도한 디드로와, 로크보다 더 강력한 사회 계약론을 주장한 루소, 그리고 입법, 행정, 사법의 권한이 각각 다른 사람에게 분배되어야 한다는 삼권 분립론을 주장한 몽테스키외 등이 바로 이 시절에 활약한 사상가들입니다. 이런 계몽사상가들 덕분에 프랑스는 영국을 능가하는 사상의 황금기를 맞이합니다.

이들은 하나같이 당시 프랑스를 지배하고 있는 상류 계급들, 즉 권력을 독점한 왕과 고위 성직자, 귀족들을 비판했습니다. 또한 왕과 귀족에 비해 세금도 내고 많은 의무를 지는데도 평민에게는 그에 대한 권리가 거의 주어지지 않는 모순을 지적했습니다.

계몽주의자들의 이러한 비판은 삼부회를 구성하며 세금을 납부하고 있지만 적절한 대접을 받지 못해 불만을 가지고 있던 평민들에게 널리 퍼져 나갔습니다. 시대에 뒤떨어진 절대 왕정이라는 '구체제의 모순'이 점점 사람들에게 인식되면서 절대 왕정은 한계에 도달하게 됩니다.

인간과 시민의 권리 선언

마침내 세계 역사의 물줄기를 크게 바꿔 놓은 운명의 1789년의 해가 밝았습니다. 1614년 이후 무려 175년간 열리지 않았던 삼부회가 드디어 소집된 것입니다. 이 시기의 프랑스는 루이 14세 때부터 계속된 왕들의 사치를 감당하느라, 또 영국과 전쟁을 벌이는 미국을 지원하느라 심각한 재정 위기에 빠져 있었습니다. 그래서 당시 프랑스 왕이었던 루이 16세는 넘쳐 나는 적자를 메우기 위한 방편으로 더 많은 세금을 징수하기 위해 삼부회를 소집하게 되었습니다.

하지만 여태까지 꼬박꼬박 세금을 내면서도 제대로 대우받지 못했던 평민 집단이 왕의 요구를 군말 없이 수용하고 싶을 리는 없겠지요. 귀족이나 성직자들은 세금도 내지 않으면서 왕의 근처에 있다는 이유만으로 특권을 누리는 판국에 말입니다. 게다가 평민들은 계몽사상을 통해 인간과 시민의 권리에 눈을 떠 가고 있었습니다.

성공한 상인, 수공업자, 변호사와 같이 부유한 평민으로 구성된 제3신분 대표들은 지금이 절호의 기회라는 것을 깨달았습니다. 그들은 귀족에게만 부여되는 면세나 성직자가 거둘 수 있는 십일조와 같은 특권을 철폐하라고 주장했습니다. 또한 삼부회의 표결은 신분이 아닌 사람 수에 따라 하자고 했습니다. 그러면 1신분과 2신분에 비해 수가 많은 3신분의 의견이 더욱 잘 반영되기 때문입니다.

이런 주장은 당연하게도 왕과 귀족들에게 받아들여지지 않았습니다. 자신이 가진 특권을 포기하는 것은 어려운 일이니까요. 제안이 거절되자 시에예스를 비롯한 제3신분 의원들은 그 길로 삼부회를 탈퇴하고 근처에 있는 테니스장으로 달려가 평민 신분으로만 구성된 국민 의회를 결성했습니다.

많은 세금을 납부하는 부유한 평민들이 탈퇴하자 당황한 루이 16세는 이들을 진압하기 위해 군대를 동원했지만, 절대 왕정에 염증을 느낀 가난한 민중들이 국민 의회에 합류합니다. 이에 루이 16세는 더 큰 혼란이 발생할 것을 우려해 진압을 잠시 멈추었지요. 이때부터 상황은 삼부회 내부의 대립에서 특권 계급 대 평민 계급이라는 국가적 규모의 대치 상황이 되었습니다. 왕의 군대와 시민 병력이 대치한 프랑스 수도 파리의 분위기는 그야말로 폭풍이 일어나기 전처럼 고요했습니다.

국민 의회에 대한 진압을 망설이던 루이 16세는 화풀이를 할 대상이 필요했습니다. 삼부회를 소집하지 않았다면 이런 복잡한 상황이 발생하지 않았을 거라 생각한 루이 16세는 삼부회를 소집하라고 권한 재무 대신 네케르를 파면했습니다.

군중들은 왕의 분노가 다음으로 향할 곳은 바로 자기들일 것이라고 생각했습니다. 동요한 군중은 군인들보다 먼저 움직이기로 마음먹고 당시 정치범 수용소로 악명이 높았던 바스티유 감옥을 습격했습니다. 성난 민중의 힘은 군대로 하여금 감히 그 앞을 막을 엄두를 내지 못하게 만들었을 뿐만 아니라, 루이 16세의 의지마저 꺾어 놓았습니다. 결국 루이 16세는 국민 의회를 승인하게 되었고 국민 의회는 이름을 헌법 제정 의회로 바꾼 후 역사에 길이 남을 「인간과 시민의 권리 선언」을 선포했습니다. 세계의 역사를 뒤흔든 프랑스 혁명이 이렇게 성공한 것입니다.

총 17개 조문으로 구성된 「인간과 시민의 권리 선언」의 주된 내용은 모든 인간은 평등하고 자유롭게 태어나며, 주권은 국민에게 있고, 인간은 타인에게 피해를 주지 않는 한도에서 무한한 자유를 누린다는 것입니다. 모두 현대에도 여전히 유효한 생각들이지요. 「인간과 시민의 권리 선언」은 2년 후에 제정된 새로운 프랑스 헌법에 포함되면서 이후 프랑스의 기본적인 사상적 토대가 됩니다.

프랑스 혁명은 이전까지 세계가 당연하다고 생각했던 신분제와 절대 왕정, 종교의 부자유와 결별하는 계기가 되었습니다. 봉건제가 주도했던 중세와, 절대 왕정이 지배했던 근세가 종료되고 국민이 국가의 새로운 주인이 되는 근대 국민 국가의 시작을 알리는 신호가 된 것입니다. 또한 자유와 평등과 형제애를 부르짖었던 프랑스 혁명의 정신은 프랑스뿐만 아니라 유럽의 다른 나라들에 퍼짐으로써 유럽의 역사는 새로운 시대를 맞이하게 됩니다.

새로운 위험

프랑스 혁명의 성공은 혁명에 참가한 많은 사람들에게 아름다운 미래를 꿈꾸게 했습니다. 주권 재민의 원칙을 담은 최초의 프랑스 헌법은 태생적으로 고정되었던 신분의 한계를 벗어날 수 있게 했습니다. 누구나 평등하게 정치에 참여할 수 있다는 것은 지금껏 차별받고 소외되어 온 사람들에게 마치 천상의 복음과도 같은 즐거운 소식이었지요.

하지만 혁명 후 시간이 흐를수록 사회는 점차 기대와는 다른 길을 걷기 시작합니다. 우선 프랑스 헌법에 따라 창설된 입법 의회가 내놓은 법률이 혁명에 참여한 사람들의 기대에 미치지 못했습니다. 정치에 참여할 수 있는 권리, 즉 참정권은 의회가 정한 일정한 기준 이상의 세금을 내는 사람만 가질 수 있게 한 것이 그 대표적인 사례입니다.

이 법률의 속내를 아주 쉽게 이야기하자면 부유하지 않은 사람들, 즉 가난한 농민이나 노동자들은 정치할 생각을 접으라는 것이지요. 이전까지는 신분에 따라 정치적 권리가 결정되었다면 이제는 경제력에 따라 부여되는 것이 그 핵심입니다. 대다수의 사람들은 여전히 권력에서 소외되는 것입니다.

그렇게 소외된 사람들 중에서도 더 큰 문제가 된 것은 바로 여성들이었습니다. 가능성이 적긴 했지만 농민이나 노동자들은 돈을 벌 수만 있다면 『레 미제라블』의 주인공 장 발장처럼 참정권을 얻어 시장으로 당선될 수도 있으니까요. 하지만 직업을 가지기 어려운 여성들은 그런 경제력 상승의 기회조차 없으니, 정치에 참여할 기회 자체가 사실상 봉쇄되었던 것입니다.

프랑스 혁명의 발생에 결정적인 영향을 주었던 몽테스키외나 루소 같은 '위대한' 계몽주의자들의 생각도 크게 다르지 않았습니다. 이들은 여성이 '자신이 있어야 할 곳'인 가정을 벗어나서 공적 영역이나 정치에 참여하게 되면 남성의 지위가 훼손되고 여성의 품위가 사라진다고 보았습니다.

나중에 로베스피에르와 함께 프랑스 혁명 이후의 공포 정치를 주도한 장폴 마라는 아예 「인간과 시민의 권리 선언」을 언급하면서 여성의 정치 참여를 막았습니다.

"모든 시민은 주권을 지닌 구성원인 만큼 선거권을 지니며 출생만으로 이 권리를 부여받아야 한다. 그러나 여성과 아이들은 공적인 일에 참여해서는 안 되는바, 그 이유는 그들이 가장에 의해 대

리되기 때문이다."•

다시 말해 프랑스 혁명이 내세운 「인간과 시민의 권리 선언」이 말하는 인간과 시민에, 여성은 애초에 포함되지 않았던 것입니다.

입법 의회에서 발생한 또 하나의 문제는 프랑스의 새로운 정치 체제로 왕이 없는 공화제가 아닌, 왕은 그대로 두되 권한을 주지 않는 입헌 군주제를 내세운 점이었습니다. 이 내용은 혁명에 참여한 세력들 사이에 의견 대립을 일으켰습니다. 자유로운 프랑스에는 왕이라는 존재가 필요 없다고 주장하는 사람들도 많았기 때문입니다.

이러한 논의를 하는 중에 루이 16세와 왕비 마리 앙투아네트가 나라를 버리고 외국으로 망명하려다 독일과의 국경인 바렌에서 붙잡히는 소동이 벌어졌습니다. 이른바 '바렌 도피 사건'이라 불리는 이 사건은 프랑스 국민들로 하여금 그나마 남아 있던 왕에 대한 충성심을 없애 버리기에 충분했습니다. 이 사건을 계기로 입헌 군주제에 대한 논쟁은, 국가에 대한 반역의 죄목으로 루이 16세를 처형할지 여부에 관한 논쟁으로 바뀌었습니다.

동시에 이 논쟁은, 왕의 처형을 반대하는 한편 자유주의 경제와 지방 자치를 옹호하는 지롱드파와, 왕의 처형을 주장하며 사회주의 경제와 하나의 공화국을 추구하는 자코뱅파가 치열한 권력 다

• 이세희·현재열 「프랑스 혁명과 여성의 역할」, 『프랑스사 연구』 7호, 한국프랑스사학회 2002, 14면.

툼을 벌이는 계기가 됩니다. 마침내 국민 공회에서 지롱드파에 승리를 거둔 자코뱅파는 혁명 이념의 완성을 위해 로베스피에르를 내세워 무시무시한 공포 정치를 펼쳤습니다. 루이 16세는 물론 정치적 라이벌이었던 지롱드파의 주요 인물들을 혁명에 대한 생각이 다르다고 하여 사형에 처한 것이지요.

이들에 대한 사형 집행은 기요틴이라고 하는 단두대, 즉 단숨에 목을 잘라 낼 수 있는 새 사형 기구를 이용해 치러졌습니다. 얼핏 매우 잔인해 보이지만 사실 기요틴은 당시의 기준으로 보았을 때는 매우 인간적인 도구였습니다. 그전까지는 브루노의 사례에서 보듯이 불에 태우는 화형이나 사지를 찢는 거열형이 일반적이었기 때문이지요. 곱게 목을 잘라 죽이는 것은 찰스 1세처럼 왕이나 귀족에게만 적용되는 방법이었습니다. 조금은 잔혹하고 아리송한 표현이지만, 프랑스 혁명의 정신은 사람을 죽이는 방법에서도 왕과 귀족과 평민을 평등하게 대했던 것입니다.

루이 16세는 자신보다 먼저 죽임을 당한 찰스 1세와 같이 자신이 왜 죽게 되는지 끝끝내 이해하지 못했습니다. 그 역시 왕권은 신이 내려 준 것이라고 뼛속들이 믿고 있었기 때문이지요. 단두대에 선 루이 16세는 "짐은 아무런 죄도 없이 죽노라."라는 말을 남기고 형장의 이슬이 되었습니다.

왕을 사형에 처한 로베스피에르는 그 후 강력한 독재를 펼칩니다. 심지어 로베스피에르에 반대하는 사람이라면 같은 자코뱅파 사

1793년 혁명의 광장에서 있었던 마리 앙투아네트의 처형을 그린 그림, 작자 미상. 단두대를 사용하자고 주장한 사람은 해부학자 출신의 기요탱 박사였습니다. 사형수도 고통받지 않고 죽을 권리가 있다는 생각에서였습니다. 날로 늘어나는 사형수들의 수를 걱정하던 의회는 기요탱 박사의 주장을 받아들였고 이 끔찍한 기계에는 그의 이름을 딴 기요틴이라는 명칭이 붙게 되었습니다.

람도 용서하지 않았습니다. 조금 전에 이야기했던, 크롬웰이 주도한 영국의 청교도 혁명과 비슷한 결말입니다. 어떻게 보면 역사란 계속 반복되는 것일지도 모르겠습니다.

이번 이야기의 주인공인 올랭프 드 구주가 활동하던 시기 또한 바로 이때입니다.

누구도 침묵을 강요받아서는 안 된다

구주는 프랑스의 시골 마을에서 문필가였던 어느 귀족의 사생아로 태어났습니다. 구주의 이름에 영지의 소유자였다는 뜻을 품은 '드'라는 귀족의 흔적이 남아 있음에도 불구하고 어린 시절 구주는 그리 유복하지 않았고 제대로 된 교육도 받지 못했습니다. 열여섯의 나이로 일찍 결혼을 했지만 첫아들을 낳자마자 남편이 죽어 살림은 더욱 어려웠다고 합니다.

직장을 찾아 어린 아들과 함께 파리로 이사한 구주는 프랑스 국립 극장인 코메디 프랑세즈에 취업해 희곡을 쓰게 됩니다. 정식 교육을 받지 못한 구주가 희곡을 쓸 수 있었던 것은 당대 지식인들의 소통 장소인 살롱을 드나들며 정치가나 문필가와 같이 교양 있는 사람들과 어울렸기 때문입니다. 그 과정에서 구주는 계몽사상이나 인권, 혁명 사상에 관심을 가지게 되었고 그런 내용을 희곡에

담았습니다.

「게루빔의 결혼」이나 「자모르와 미르자」 같은 구주의 연극은 생각보다 빨리 주목을 받았습니다. 당시에는 거의 언급되지 않던 여성의 인권이나 흑인 노예의 권리를 다루었기 때문입니다.

하지만 주목의 정도와 달리 구주의 희곡은 좋은 평가를 받지 못했습니다. 심지어 어떤 평론가는 희곡 내용보다 구주의 외모가 더 인기가 많다는 식으로 모욕적인 평을 하기도 했습니다. 학교 문턱에도 가 보지 못한 구주가 맞춤법에 맞지 않고 문체도 거친 글을 쓴 데에도 원인이 있겠지만, 그 당시 주류를 이루던 귀족이나 부유한 남성들이 좋아할 만한 내용이 아니었던 것이 더 큰 이유였을 겁니다.

구주에 대한 당대 사람들의 인식은 튀기 좋아하는 여자, 또는 예쁘지만 사투리를 쓰는 촌뜨기 정도였다고 합니다. 어쨌든 희곡을 쓰면서 구주는 후에 지롱드파를 구성하는 남성들 사이에서 인기를 얻고 몇몇과는 친해지기도 했습니다.

그리고 프랑스 혁명이 일어나 신분에 의한 모든 차별을 철폐한다는 「인간과 시민의 권리 선언」이 선포되고 프랑스 헌법이 제정되자 당연하게도 구주는 프랑스 혁명의 정신에 열광하게 되었습니다. 지금까지 자신이 입에 침이 마르도록 주장하던 내용이 나라의 최고 법인 헌법에 규정되었기 때문입니다.

하지만 프랑스 혁명에 대한 구주의 열광은 다른 사람들과 마찬가지로 점차 실망으로 바뀌어 갔습니다. 조금 전에 살펴본 대로 입법 의회는 납세액을 기준으로 참정권을 부여했고 이는 전적으로 돈 많은 남성만을 위한 제도였기 때문입니다. 구주가 꿈꿔 왔던 여성의 참정권은 전혀 보장되지 않았지요.

실제로 1791년 프랑스 총선거에서 투표 권한이 있던 사람은 프랑스 국민의 10% 정도밖에 되지 않았습니다. 혁명 전에는 100명의 국민 중 1명만 혜택을 입었다면 혁명 후에는 그 수가 10명으로 늘어났을 뿐 여성 전부를 포함한 절대 다수의 국민은 여전히 아무런 정치적 권리가 없었습니다. 모두가 참여한 혁명에서 좋아진 건 소수의 남성뿐이었지요.

이런 불합리에 격분한 구주는 총 17개 조문으로 된 「인간과 시민의 권리 선언」을 참고해 「여성과 여성 시민의 권리 선언」을 발표했습니다. 원래의 선언 조목마다 여성을 끼워 넣은 이 선언은 아마도 역사상 가장 구체적으로 여성 인권 보장을 요구한 선언일 것입니다. 그중에서도 가장 유명한 조항이 제10조입니다.

"누구도 자신의 기본적 의견에 대해 침묵할 것을 강요받아서는 안 된다. 여성은 단두대에 오를 권리를 가졌다. 마찬가지로 여성은 법이 규정한 공공질서를 어지럽히지 않는 한 연단에 오를 권리를 가져야 한다."

하지만 시대를 너무 앞서간 이 선언은 누구에게도 주목받지 못했습니다. 심지어 구주의 오랜 친구였던 지롱드파 의원들조차 여성 인권에 관한 이야기만 나오면 고개를 절레절레 저었습니다. 지롱드파의 라이벌이었던 자코뱅파라면 더욱 그랬지요. 두 파는 경제와 정치 체제에 대해서는 사사건건 대립했지만 여성 인권에 대해서는 한목소리를 내었습니다.

입헌 군주 논쟁을 통해 마침내 자코뱅파가 정권을 잡자 구주의 호소는 점점 다른 사람에게 전해지기 어려워졌습니다. 자신의 말이 잘 받아들여지지 않자 구주는 더욱더 화가 날 수밖에 없었습니다. 공포 정치를 펼치는 자코뱅파에 의해 수많은 사람들이 기요틴에서 목이 날아가는 상황에서도 구주는 참정권과 이혼의 권리 같은 여성 인권에 대한 글은 물론, 자코뱅파의 공포 정치에 대항하는 글을 계속 발표했습니다. 루이 16세를 처형하지 말자는 의견, 혁명 정신의 전파를 위해 벌이는 외국과의 전쟁에 반대한다는 의견도 함께 말이지요. 구주는 혁명에서 너무 많은 피가 흐를 경우 오히려 혁명 정신이 더러워진다는 논리를 내세웠습니다.

구주의 이런 행동은 당연히 자코뱅파의 심기를 불편하게 했습니다. 구주를 아끼는 몇몇 사람들은 더 이상 위험한 행동을 하지 말라며 말리기도 했고, 자코뱅파 역시 몇 번이나 침묵하라는 경고를 보냈습니다. 하지만 구주는 몸을 사리지 않았습니다. 그것은 자신이 발표한 「여성과 여성 시민의 권리 선언」 제10조에 의거한 것이기도 했지요.

구주의 용감한 행동의 대가는 우리 모두가 예상하는 대로 나타났습니다. 구주의 말에 분노한 한 인쇄업자가 구주를 공안 위원회에 고발했고 구주는 긴급 체포된 것입니다.

선구자

구주는 체포된 후 감옥에서 자신의 변호를 도와줄 사람으로, 루이 16세의 변호인으로 나섰던 뒤 쿠드레를 선정했습니다. 그리고 친구들에게 편지를 보내기도 하고 여론에 도움을 호소하기도 했습니다. 하지만 변호인은 구주의 변호를 거절했으며 친구들은 이미 다른 곳으로 도주하거나 죽고 없었습니다. 아무도 자신을 도우려 하지 않는 현실에서 구주는 자신의 운명이 결정된 것이나 다름없음을 깨달았지요.

그런 절망적인 상황에서도 구주는 굴하지 않았습니다. 혁명 정부의 고등 법정에서 죄를 묻는 검사에게 구주는 준엄한 어조로 공포 정치의 잔혹성을 꾸짖으며, 여성 인권에 대한 견해를 굽히지 않았습니다. 자신이야말로 위대한 조국 프랑스의 미래를 위해 죽는 것이며, 자코뱅파가 치부를 숨기기 위해 자신을 정신병자나 미치광이로 취급하고 있다고 말했습니다. 피를 토하는 듯한 구주의 변론에 대한 법정의 응답은 간단했습니다. 구주가 혁명 정신을 배반하고 왕권의 복권을 꾀했으므로 사형에 처한다는 것이었습니다.

사형 선고 후 집행 전까지 구주에게 아주 짧은 시간이 주어졌습니다. 그리 길지 않은 삶의 마지막 시간에 구주는 사랑하는 아들에게 편지를 썼습니다.

"아들아, 아들아. 나는 죽는다. 힘없이 죽는다. 저들은 이 세기의 가장 덕성스러운 여자 때문에 법을 어겼다. (…) 아들아, 네가 이 편지를 받을 때쯤이면 나는 살아 있지 않을 거야. 저들이 네 어미에게 한 불의를 네가 바로잡아다오."•

불행인지 다행인지 구주의 사형은 기요틴에서 집행되었습니다. 구주의 사형 당일에는 많은 구경꾼이 모여들었습니다. 왕비 마리 앙투아네트에 이어 오랜만에 단두대에 오르는 여성이었기 때문입니다. 여성이 정치적 사건에 얽히는 경우가 많지 않았기 때문에 기요틴에 오르는 여성 또한 드물었습니다.

등 뒤로 팔이 묶인 채 단두대의 칼날을 방해하지 않도록 머리를 묶어 목을 드러낸 구주는 수레에 실린 채 사람들 사이를 지나갔습니다. 오랜 감옥 생활에 지쳤지만 구주는 여전히 당당했습니다. 호기심에 찬 눈으로 자신의 죽음을 구경하러 온 사람들에게 구주는 여성의 인권과 조국 프랑스의 미래에 대해 호소했습니다. 마침내 단두대 앞에 선 구주에게 마지막 발언 시간이 주어졌고 구주는 이렇게 외쳤습니다.

• 브누아트 그루 『올랭프 드 구주가 있었다』, 백선희 옮김, 마음산책 2014, 87~88면.

"조국의 자식들이여, 내 죽음에 복수해 주시오."*

하지만 불운한 구주를 동정하는 사람은 거의 없었습니다. 애초에 구주의 견해를 이해하거나 동의하는 사람이 적었던 데다 루이 16세의 처형을 반대하는 등 구주는 혁명에 반하는 것처럼 보이기도 했으니까요. 심지어 구주가 애지중지 키워 군대에 보낸 아들조차 자신의 경력을 위해 상관에게 구주의 사형이 합당한 일이라고 보고했다고 합니다.

그렇게 안타깝게도 구주는 사람들의 조롱과 비난 속에서 기요 틴 아래로 머리를 떨구게 되었습니다. 구주의 처형 다음 날 프랑스 언론『공안』지는 구주의 처형에 관해 이런 논평을 실었습니다.

"여성들이여, 공화주의자가 되길 원하는가? 그대들의 남편과 아이들이 제 권리를 행사하도록 환기하는 법률을 사랑하고 따르고 배우라. 그들이 조국을 위해 할 수 있을 눈부신 행동들을 자랑스러워하라. 소박한 옷차림을 하고, 살림살이에 힘쓰라. 결코 말하려는 욕망을 품고 대중 집회에 기어들지 마라."**

구주가 눈을 감은 뒤로부터 정확히 100년 후, 프랑스에서 멀리 떨어진 남반구 나라 뉴질랜드에서 세계 최초로 여성의 투표권이 인정되었습니다. 뉴질랜드 옆의 오스트레일리아가 그 뒤를 따랐고, 미국도 1920년에 완전한 여성 참정권을 인정했으며, 구주가 목

---

* 같은 책 89면.
** 같은 곳.

숨을 바친 프랑스에서는 1946년에 이르러 여성의 전면적인 정치 참여가 인정되었습니다. 구주가 꿈꾸고 바라던 세상이, 구주와 뜻을 같이하는 수많은 사람들의 노력에 힘입어 드디어 나타난 것이지요.

그러나 구주의 꿈은 아직 완벽하게 이루어지지 않았습니다. 세상에는 아직 여성의 정치 참여가 허용되지 않는 나라들도 여전히 존재합니다. 여성도 연단에 오를 수 있어야 한다는 구주의 외침은 현재 진행형입니다.

4

침묵하는 양심은 유죄

에밀 졸라와 민족주의 시대, 19세기

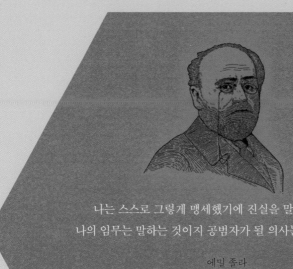

나는 스스로 그렇게 맹세했기에 진실을 말해야겠습니다.
나의 임무는 말하는 것이지 공범자가 될 의사는 전혀 없습니다.•

에밀 졸라

• 니콜라스 할라즈 『나는 고발한다』, 황의방 옮김, 한길사 1998, 199면.

근대 국민 국가

영광도 있고 상처도 있었지만 프랑스 혁명은 역사의 물줄기를 크게 바꾸어 놓았습니다. 가장 중요한 것은 수천 년 동안 존재해 왔던, 신분제에 의한 국가 지배 구조가 처음으로 무너지게 된 것입니다. 물론 앞서 구주의 사례에서 보듯 복잡한 사정이 있기는 하지만 형식적으로나마 모든 사람은 다른 사람의 구속을 받지 않을 권리를 가진 자유민으로써, 신분 차이 때문에 불평등하게 대우받지 않으며 국가 운영에 참여할 권리를 가진다는 기본 토대를 건설했기 때문입니다.

요컨대 국가는 신에게 지배할 권한을 받은 왕이나 성직자 또는 귀족 같은 특수한 신분의 사람들이 다스리는 것이 아닌, 국가를 구성하는 모든 사람에게 권한을 위임받은 평범한 사람들이 꾸려 나가는 것이 되었습니다. 이러한 생각의 변화는 드디어 역사에 처음 등장하는 개념을 만들어 냈습니다. 근대 국가를 구성하는 필수 요소, 바로 국민이라는 개념입니다.

국민이라는 개념이 나오기 전에는 나랏일은 오직 왕과 귀족 같은 특권 계급의 몫이었습니다. 특권 계급이 아닌 사람들은 국가의 이익이나 다른 나라와의 관계에 대해 큰 관심이 없었습니다. 자신과 아무런 상관이 없는 남의 일처럼 생각했을 뿐이지요. 더구나 유럽 대륙의 왕과 귀족들은 혼인을 통해 서로 거미줄 같은 인척 관계를 맺고 있었기 때문에 어느 날 갑자기 다른 나라의 왕이나 귀족이 자기 나라의 왕으로 오는 일도 흔했습니다.

그래서 사람들에게는 자신이 어느 나라 사람인지보다 지금 나라를 다스리는 왕이 누구인지가 더 중요했습니다. 왕이 다른 나라에 전쟁을 선포하더라도 나라를 위하는 마음보다 그저 왕의 명령을 거부할 수 없어 어쩔 수 없이 전쟁터에 끌려가는 경우가 많았습니다. 그렇기 때문에 전쟁이 끝나면 크게 싸웠던 다른 나라 백성들에게 많은 적대감을 품지 않았습니다. 자신의 전쟁이 아닐뿐더러 그 나라 사람이나 자신이나 왕의 명령에 따라 끌려 나간 것은 마찬가지기 때문에 그들을 진정한 적이라 생각하지 않았습니다. 이런 사고방식을 가진 사람들을 나라의 주인이 아닌 신하인 사람, 즉 신민(臣民)이라고 합니다.

하지만 국민은 다릅니다. 국민은 단순히 지배층의 명령에 휘둘리는 사람이 아니라, 스스로 국가를 구성하는 주인입니다. 이제 국가는 자신과 아무런 관계가 없는 것이 아니라, 자신과 운명을 공유하는 운명 공동체가 됩니다. 국민은 '국가'와 '나'를 동일시하게 되는 것이지요.

그와 동시에 자신과 함께 국가를 구성하고 있는 사람들, 같은 공간에 거주하며, 같은 언어를 사용하고, 같은 풍습을 가진 사람들에 대해서도 새로운 감정을 가지게 됩니다. 이제는 자신과 함께 나라를 구성하며, 외적의 침입이 있을 때는 함께 나라를 지키는 사람들이 되니까요. 모두가 왕의 신민이던 시절에는 특별한 감정이 들지 않던 사람들, 이전에는 단순한 이웃에 불과했던 그들을 이제 나와 함께하는 '우리'라는 운명 공동체라고 느끼는 것입니다. 민족이라는 개념이 탄생하는 순간입니다. 이렇게 프랑스 혁명은 절대 왕정을 해체함과 동시에 근대 국민 국가와 민족 국가라는 개념을 탄생시켰습니다.

문제는 프랑스 혁명에 담긴 이런 개념들이 절대 왕정 치하에 있는 다른 유럽 국가들을 자극했다는 것입니다. 아직 왕의 치하에 있는 다른 나라들로 혁명 정신이 퍼지게 되면 그곳의 지배자들 또한 무사할 수 없습니다. 영국과 오스트리아를 비롯한 많은 왕정 국가들은 혁명 정신이 퍼져 나가는 것을 막기 위해 대프랑스 동맹을 맺고 프랑스와 전쟁을 벌이게 됩니다.

초기의 전황은 당연히 프랑스에 불리했습니다. 연합군에 비해 병력이 절대적으로 열세한 데다 프랑스 내부에서도 루이 16세를 추종하는 왕당파의 반란이 수시로 발생했기 때문입니다. 이때 나타난 사람이 천재적인 전략가 나폴레옹입니다. 나폴레옹은 왕당파의 반란을 진압하고 공화정을 수호함으로써 프랑스 국민들의 인기를 얻었습니다. 나폴레옹의 지휘 아래 하나가 된 프랑스 국민들은 국가를 위해 싸울 준비가 되어 있었습니다. 이제 국가와 자신은 별개의 존재가 아닌 하나의 몸이니까요.

결과는 놀라웠습니다. 조국을 위해 목숨을 걸고 적들을 무찌르자는 내용의 군가 「라 마르세예즈」를 부르며 행진하는 프랑스 의용병들은 분명히 이전의 프랑스 군대와는 그 성격이 전혀 달랐습니다. 애국심으로 하나가 된 프랑스 혁명군은 절대 왕정의 왕 밑에서 억지로 끌려 나온 영국, 오스트리아, 에스파냐, 프로이센과 같은 다른 나라 군대들을 차례차례 격파했습니다. 나폴레옹과 프랑스 혁명군이 점령한 지역에는 나폴레옹 법전을 통해 혁명의 정신, 즉 자유와 평등의 정신이 퍼져 나갔고 이것은 구체제의 모순 아래서 신음하던 각 나라의 뜻있는 사람들에게 환영받았습니다. 훗날 악성으로 추앙받는 베토벤도 나폴레옹을 위해 교향곡 「영웅」을 헌정하려고 할 정도였지요.

하지만 전쟁이란 비극을 동반하기 마련입니다. 일부 지식인을 제외한 대다수 사람들에게는 나폴레옹뿐만 아니라 '프랑스 국민' 때문에 고통받았다는 원한의 마음도 조용히 퍼져 나갔습니다.

나폴레옹과 프랑스 혁명군의 놀라운 질주는 나폴레옹이 혁명 정신을 배신하고 황제로 즉위하고 난 후 영국에 의해 간신히 멈추었습니다. 트라팔가 해전에서 영국 제독 넬슨의 전략 때문에 유럽 정복을 1차로 저지당한 나폴레옹이 그 후 패배를 거듭하다가, 1815년 워털루 전투에서 항복한 것입니다.

비록 프랑스의 패배로 끝이 났지만 전쟁 이후 전 유럽은 혁명의 무서움을 깨달았습니다. 자유와 평등의 정신으로 무장한 사람들이 얼마나 무서운 존재인지 알게 된 것입니다. 그 때문에 유럽 각 나라의 특권 계급들은 자기 나라에 혁명 정신이 퍼지지 않도록 단속하면서 나폴레옹 전쟁 이후의 유럽을 프랑스 혁명 이전의 체제로 돌려놓기로 합의합니다. 빈에서 성립된 이 합의를, 회의를 주도한 오스트리아의 재상 메테르니히의 이름을 따 메테르니히 체제 또는 빈 체제라고 부릅니다.

하지만 한번 맛본 자유의 정신은 억지로 막으려고 해도 막을 수 없는 것이지요. 자유와 평등에 대한 유럽인들의 갈망은 점차 커져 갔고, 결국 메테르니히의 몰락과 함께 유럽은 각국 영토를 중심으로 국민과 민족이 근본이 되는 국민 국가로 나아가게 됩니다.

자존심 대결

나폴레옹의 유럽 점령 기간 동안 가장 큰 영향을 받은 곳은 지금의 독일 지방입니다. 프랑스가 봉건제를 지나 절대 왕정을 거쳐 근대 국민 국가를 형성할 무렵, 독일은 마치 그 옛날 봉건 사회처럼 작은 영지를 가진 조그만 국가들로 나뉘어 있었습니다.

그중에는 프로이센처럼 강한 왕권을 바탕으로 절대 왕정과 비슷한 체제를 만든 나라도 있었지만, 프랑스에 비하면 그 세력이 약했습니다. 그 탓에 대부분의 독일 지역은 힘 한번 제대로 못 써 보고 나폴레옹과 프랑스 혁명군의 지배 아래로 들어가고 말았습니다. 타국 군인이 자기 영토에 머무는 상황은 옹기종기 모인 작은 나라 안에 새로운 생각을 싹트게 했습니다. 자유와 평등이라는 매력적인 사상과 함께, 프랑스라는 타민족의 침략에 대항하려는 범독일적인 민족의식이 그 내용입니다. 이러한 생각은 수십 개의 작은 나라로 갈라져 있어 타국의 간섭을 받는 독일 지역이 하나로 뭉쳐야 한다는 움직임이 생기는 결정적인 계기로 작용하게 됩니다.

그런 생각을 가진 사람들 중 대표적인 인물이 바로 「독일 국민에게 고함」이라는 연설문을 남긴 피히테입니다. 피히테는 동일한 거주지와 언어, 문화를 공유하는 사람들이 통일체를 이루는 것은 필연적으로 예정된 고차원적인 자연법칙에 의한 것이라고 주장하며 '하나의 독일'에 대한 생각을 전파했습니다.

피히테가 제기한 독일 민족의식은 사람들의 마음에 파고들었습니다. 이 과정에서 독일 민족주의의 중심에 선 국가가 프로이센입니다. 프로이센은 고만고만한 나라들이 모인 독일 지역에서 그나마 강한 나라의 틀을 갖춘 국가였습니다. 통일을 염원하는 많은 사람들은 프로이센이 나서서 하나의 독일을 만들기를 소망했습니다.

하지만 프랑스나 영국과 같은 주변 국가들은 독일이 하나가 되는 것을 원하지 않았습니다. 가뜩이나 여러 나라들이 서로의 이익을 위해 다투는 판국에, 강한 통일 국가가 하나 더 생기는 것을 원하는 국가는 없겠지요. 그럼에도 불구하고 하나의 독일을 원하는 소리는 독일 지역 곳곳에서 끊임없이 흘러나오고 있었습니다.

그 무렵, 독일 지역에도 영국에서 시작된 산업 혁명의 물결이 퍼졌고 산업화가 진행되면서 프로이센의 국력은 더욱 강해졌습니다. 그리고 국가의 강력한 군사력을 바탕으로 국내외 문제를 해결해야 한다는 철혈(鐵血) 정책을 내세운 비스마르크가 프로이센의 수상이 되면서 독일 통일은 급진전됩니다.

비스마르크는 호시탐탐 독일 지역에 영향력을 행사하려던 오스트리아를 전쟁에서 무찌르는 한편, 노련한 외교 수완을 발휘하여 독일 지역의 절반을 하나로 묶는 북독일 연방을 창설하고, 연방에 합류하지 않은 남부 지역과도 긴밀한 관계를 형성했습니다. 1000년 이상 갈라져 살았던 독일 지역의 통일이 바로 눈앞에 다가온 것입니다.

문제는 프랑스였습니다. 독일과 국경을 맞댄 프랑스는 점점 강력해지는 프로이센이 눈엣가시와 같았습니다. 그렇게 힘이 넘치는 두 나라 사이에는 긴장감이 감돌았습니다.

팽팽한 긴장은 결국 두 나라의 외교 사절 사이에 있었던 사소한 말싸움을 계기로 전쟁으로 이어지게 되었습니다. 1870년에 발생하여 '프로이센-프랑스 전쟁'이라 불리는 이 전쟁은 프로이센의 압도적인 승리로 끝을 맺었습니다. 프로이센이 강한 독일을 지향하며 꾸준히 국력을 키워 온 덕택이었습니다.

프로이센이 강대국인 프랑스를 이겼다는 소식이 전해지자 독일 지역은 온통 환호성으로 가득 찼습니다. 이러한 환호는 프랑스를 꺾은 독일 민족의 우수성에 대한 자화자찬으로 이어졌고, 북독일 연방에 참여하지 않았던 나머지 국가들도 자연스럽게 하나의 독일에 합류하게 되었습니다. 전쟁이 끝난 1871년, 마침내 프로이센의 왕 빌헬름 1세는 프랑스의 심장이라고 할 수 있는 베르사유 궁에서 독일의 황제로 등극하며 통일 독일 제국의 수립을 전 세계에 선포했습니다.

그 반면 전쟁의 패배는 프랑스에 깊은 상처를 남겼습니다. 물론 프랑스가 전쟁에서 진 것이 처음 있는 일은 아니었습니다. 하지만 이전까지의 전쟁이 왕이나 특권 귀족의 전쟁, 다른 왕정 국가와의 전쟁이었다면 이번 전쟁은 프랑스 민족의 전쟁이었습니다. 독일 민족과 민족적 자존심을 건 전쟁이었기 때문에 프랑스 국민에게는 아픈 결과로 남았지요.

게다가 자기 나라 수도의 심장부에서 다른 나라 황제가 대관식을 가진 것은 프랑스 사람들의 가슴에 회복되기 어려운 깊은 상처를 주

「독일 제국 선포」, 안톤 폰 베르너 작, 1885년. 빌헬름 1세는 베르사유 궁에서 독일 제국의 수립을 선포하고 황제로 즉위했습니다. 독일인들은 통일 독일 제국의 힘과 위엄에 기뻐하고 열광했지만 프랑스인들의 자존심은 바닥까지 추락했습니다. 두 국가의 사이는 이후 급격히 나빠집니다.

었습니다. 맞아서 멍든 자리는 며칠이면 사라지지만, 마음에 입은 상처는 수십 년이 흘러도 쉽게 사라지지 않는 것과 비슷하다고 할까요.

자존심이 상할 대로 상한 프랑스 국민들은 프로이센이 제시한 수십억 프랑의 전쟁 배상금을 갚기 위해 전 재산을 내놓는 일도 서슴지 않았습니다. 불과 석 달도 되지 않아 프랑스는 모든 전쟁 배상금을 갚고 프로이센 군대를 프랑스에서 내보냈습니다.

그래도 프랑스 국민의 분노는 풀리지 않았습니다. 아무리 생각해도 '위대한 프랑스 민족'이 이제 막 나라의 형태를 갖춘 독일 민족에게 쉽게 졌다는 것이 믿어지지 않았기 때문입니다. 이 무렵 발생한 사건이 바로 프랑스를 두 갈래로 나누어 싸우게 만든 이른바 '드레퓌스 사건'입니다.

지식인의 탄생

프랑스군의 장교로서 평범한 일상을 보내던 드레퓌스 대위는 어느 날 갑자기 헌병대에 체포되었습니다. 드레퓌스가 프랑스의 자존심에 상처를 주었던 독일군에게 스파이 노릇을 했다는 것이 죄목이었습니다. 재판은 비공개로 신속하게 진행되었습니다. 드레퓌스는 무죄를 호소했지만 받아들여지지 않았고, 불명예 제대와 함께 종신 유배형을 받아 작은 무인도로 가게 되었습니다.

여기까지라면 어느 나라에나 있을 법한 비극이겠지만, 새로운 증거가 나오면서 사건은 큰 전기를 맞이합니다. 정보국장 피카르 중령이 독일 스파이는 드레퓌스가 아니라 에스테라지라는 다른 프랑스 군인이라는 사실을 밝혀낸 것입니다. 군인 정신에 따라 피카르는 상관에게 드레퓌스가 무죄라는 증거를 제시하고 보고했지만 상관은 피카르의 보고를 묵살했습니다. 이유는 간단했습니다. 누명을 쓴 드레퓌스가 유대인이었기 때문입니다.

유대인은 유럽 역사에서 특별한 존재입니다. 무려 2000년 가까이 그리스도교가 지배하던 유럽 대륙에서 유대인은 그리스도교를 믿지 않는 거의 유일한 민족이었지요. 그래서 오랫동안 유럽에서 차별과 질시를 받았습니다. 앞서 중세의 파문장을 이야기했는데 유럽에서 유대인이란 파문장을 받은 사람과 동일시되는 존재였습니다. 물론 프랑스 혁명과 「인간과 시민의 권리 선언」 덕분에 프랑스 내에서 공식적으로 차별을 받지는 않았습니다. 하지만 뿌리 깊은 반감과 증오는 쉽사리 사라지기 어려운 것입니다. 사람들은 마음속 깊은 곳에서 여전히 유대인을 차별하고 있었습니다.

드레퓌스 사건에 대한 프랑스 군부의 속내가 바로 그랬습니다. 군부는 겨우 유대인 하나 구제하자고 군부가 무리한 수사를 해서 억울한 피해자를 만들었다는 비판을 받기 싫었던 것입니다. 하지만 피카르는 드레퓌스의 무죄를 밝히고자 계속해서 재수사를 요구했습니다. 그러자 어이없게도 프랑스 군부는 피카르마저 군사 기밀 누설죄라는 죄를 씌워 감옥에 가두어 버렸습니다.

이러한 사실은 우연히 한 신문사에 알려졌고 기사로 보도되었습니다. 하지만 상황은 더욱 이상한 방향으로 흘러갔습니다. 많은 이들이 이 부조리한 사건의 내막을 알게 되었음에도 불구하고 전체적인 프랑스 분위기는 오히려 드레퓌스와 피카르에게 불리하게 돌아갔습니다. 진실을 밝혀야 할 언론들은 적반하장 격으로 반유태주의를 부추겼습니다. 드레퓌스 이야기를 꺼내는 사람을 프랑스에 대한 반역자로 몰아가며 공포 분위기를 조성했지요. 이들은 단 한 명의 유대인을 위해 재수사를 한다면 프랑스군의 명예가 실추되는 것은 물론, 프랑스의 방위력이 약해져 다시 독일에 패배할 수 있다는 것을 재수사 반대의 이유로 내세웠습니다.

국가적 이익을 위해 개인의 손해를 감수해야 한다는 이러한 주장은 프랑스 국민의 자존심에 호소하여 성과를 거두었습니다. 드레퓌스 재수사론은 점점 힘을 잃어 갔지요. 재수사를 지지하던 소수의 언론과 시민들은 많은 이들의 조롱과 멸시 속에서 목소리를 줄였고, 유대인들 또한 불똥이 튈까 봐 드레퓌스 재수사 요구 운동에 협조하기를 꺼렸습니다. 사람들의 외면 속에서 드레퓌스 사건은 그렇게 잊힐 것처럼 보였습니다.

그러던 중 대반전이 일어났습니다. 당대 최고의 작가로 국내외 사람들의 신망을 한 몸에 받던 에밀 졸라가 드레퓌스 사건에 관한 글을 쓴 것입니다. 글을 본 순간 『로로르』라는 신문의 편집장 클레망소는 아름다우면서도 강인한 호소력이 담긴 이 문장이 세상을 바꿀 힘을 가지고 있다는 것을 간파했습니다. 클레망소는 졸라의 글에 「나는 고발한다」라는 제목을 붙여 신문 1면에 실었습니다. 클레망소의 예상대로 졸라의 글은 곧 프랑스 사회를 들끓게 만들었습니다.

졸라의 뒤를 이어 『자살론』이라는 책으로 널리 알려진 사회학자 뒤르켐과 인상파의 선두주자인 화가 모네 등이 드레퓌스 사건의 재수사를 요구했습니다. 사회적으로 명망 있는 사람들의 요청이 잇따르자, 클레망소는 이 용기 있는 사람들을 '지식인'이라고 칭했습니다. 불리한 여론에도 불구하고 재수사를 요구한 사람들은, 지성을 가지고 있는 것에 그치는 것이 아니라 그 지성을 실천하는 사람들이라는 의미입니다. 존경과 칭찬의 의미를 담고 있지요. 이후 이 말은 크게 유행해서 프랑스 사회에서 지식인은 단지 많이 배운 사람이 아니라 배운 것을 실천하며 사회에 비판적으로 참여하는 사람을 뜻하는 단어가 되었습니다.

행동하는 양심

졸라의 고발과 지식인들의 지지가 이어지자, 프랑스 정부는 위에밀 졸라의 글이 실린 신문『로로르』. 졸라의 글은 프랑스 국민 사이에서 드레 퓌스 사건에 대한 관심을 다시 불러일으켰습니다. 이 글은 그 후 진실과 거짓이 치열 하게 다툴 때 지식인이 감당해야 할 의무는 무엇인지 언급할 때마다 인용되는 불멸 의 글이 되었습니다.

기감을 느끼기 시작합니다. 그러나 어처구니없게도 프랑스 정부가 한 일은 군의 명예를 훼손했다는 이유로 졸라를 군법 회의에 기소하는 것이었습니다.

졸라의 재판은 공포 분위기에서 치러졌습니다. 군부를 옹호하는 언론들은 계속 반유태주의를 선동했고, 어떤 사람들은 졸라처럼 '프랑스의 질서를 어지럽히는 자'들에 대해 테러를 예고하기도 했지요. 하지만 졸라는 여전히 당당했습니다. 법정에서 군부의 명예를 훼손한 죄를 묻는 검사에게 졸라는 이렇게 대답합니다.

"법정에 선 것은 나도, 드레퓌스도 아닙니다. 그것은 프랑스입니다. 프랑스의 운명이 이 법정에 달려 있습니다."

졸라와 다른 피고인들의 답변이 끝나자 법정에는 침묵이 가득했습니다. 졸라의 말에 딱히 반박할 내용이 없었기 때문입니다. 하지만 법정이 내린 결론은 졸라가 「나는 고발한다」라는 글을 통해 성실한 군인들의 명예를 훼손했다는 유죄 선언이었습니다.

법정 밖의 상황도 마찬가지였습니다. 군부를 추종하는 사람들과 반유태주의에 물든 사람들은 법정을 나오는 졸라를 향해 '유대인과 졸라를 죽이자.'라는 무시무시한 구호를 외쳤습니다. 더 과격한 사람들은 졸라의 집에 찾아가 욕설을 남기고 돌을 던지기도 했지요. 당시의 상황이 얼마나 심각했는지는 졸라의 재판이 끝난 다음 날『라 파트리』지에 쓰인 기사에 잘 나타나 있습니다.

"만약 국가 위기의 경종이 울린다면 수천만의 목소리가 울부짖

을 것이오. 배신자들을 죽이라고!"•

졸라는 프랑스 국민들이 국익이라는 미명하에 개인의 권리를 침해하는 것에 깊은 실망을 느끼고 영국으로 망명했습니다. 졸라와 함께 또 다른 피해자라 할 수 있는 유대인들 역시 이 사태에 심한 충격을 받게 되지요.

하지만 이런 프랑스 정부의 행태에도 불구하고 졸라와 드레퓌스의 무죄를 지지하는 지식인들의 요구는 계속해서 프랑스를 뒤흔들었습니다. 그 과정에서 드레퓌스에게 누명을 씌웠던 장교가 자살하고, 점차 여론이 심상치 않게 돌아가자 정부는 마침내 재수사를 지시했습니다. 그제야 드레퓌스는 무인도에서 5년 만에 그리운 가족들 곁으로 돌아올 수 있게 됩니다.

하지만 드레퓌스 사건은 쉽게 해피엔드로 가지 않았습니다. 드레퓌스는 오자마자 다시 군대 내의 감옥에 갇혀 재수사 결과를 기다려야 했습니다. 그리고 돌아온 것은 이전과 마찬가지로 드레퓌스가 국가에 대한 반란을 행했다는 끔찍한 판결이었습니다. 다만 오랜 세월 무인도에서 홀로 지냈다는 정상을 참작해서 종신형을 10년 형으로 줄여 주었지요. 드레퓌스는 절망할 수밖에 없었습니다. 드레퓌스의 무죄 증명을 위해 헌신적으로 노력했던 졸라도 마찬가지였습니다.

• 같은 책 221면.

1899년 미국 잡지『베니티 페어』에 실린 드레퓌스의 캐리커처.

그러나 졸라는 굴하지 않고 다시 펜을 들어 프랑스 정부와 재판부를 비판했습니다. 프랑스 지식인들 또한 졸라와 함께했습니다. 해외에서도 마찬가지였습니다. 각국 언론들은 혁명의 나라 프랑스의 자유와 평등 정신이 드레퓌스 사건으로 인해 죽었다며 프랑스 재판부를 비판했습니다. 행동하는 지식인들과 세계 각국의 양심적인 사람들이 동참하자 점점 거세지는 비판 여론에 못 이긴 프랑스 대통령은 드레퓌스에게 특별 사면을 내렸습니다.

그렇게 감옥에서 나온 지 7년이 지난 후, 드레퓌스는 재심을 청구했고 마침내 프랑스 대법원은 드레퓌스에게 완전한 무죄를 선고하게 됩니다. 재판이 시작된 지 무려 11년 만의 일이었지요. 무죄가 선고된 순간 드레퓌스를 환영하는 프랑스 군중은 무려 20만 명에 이르렀습니다. 하지만 안타깝게도 졸라는 그 순간을 보지 못했습니다. 군부 추종자들에게 무수한 살해 위협을 받으면서도 드레퓌스 사건에 대한 진실을 알리는 소설을 집필하던 중에 세상을 떠났기 때문입니다.

드레퓌스 사건은 근대 민족 국가가 성장하는 과정에서 자민족에 대한 자부심이 자칫 잘못 이용되면 다른 민족에 대한 배타적인 태도로 나타날 수 있다는 것을 보여 줍니다. 또한 사람들이 얼마나 비이성적으로 변할 수 있는지도 가르쳐 주지요.

하지만 그런 상황에서 지식인들이 해야 할 일은 선동에 휩싸이지 않고 사건의 내막을 냉철하게 파악하는 것은 물론 행동으로 직접 지성을 실천하는 것이라는 교훈도 주었습니다. 그런 면에서 졸라와, 그와 함께한 사람들의 행동은 지식인이라는 이름에 부합했습니다. 에밀 졸라가 작가로서뿐만 아니라 시대의 지성인으로 많은 사람에게 존경을 받게 된 것은 행동하는 지식인으로서의 면모 때문일 것입니다.

5

제국의 황혼

니콜라이 2세와 제1차 세계 대전, 19~20세기 초반

저 뚱뚱한 로드잔코가 나에게
가당치도 않은 글을 써 보냈지만
나는 답신도 하지 않을 걸세.*

혁명의 대책을 문의하는 의회에 대한 니콜라이 2세의 대답

● 에이브러햄 애셔 『처음 읽는 러시아 역사』, 김하은·신상돈 옮김, 아이비북스 2012, 256면.

내가 아닌 너

계몽사상과 프랑스 혁명은 근대 국민 국가의 주인이 되는 국민과, 국민이 소속감을 느끼고 함께하는 국가라는 개념을 탄생시켰습니다. 왕의 신하에서 국가의 주인이 된 이들은 이제 국가의 발전이 곧 자기 자신의 발전이라고 생각하게 됩니다. 그리고 강력한 국가를 만들기 위해 노력하지요. 국가가 약하면 '나'와 '우리'가 아닌 다른 사람이나 민족의 지배나 간섭을 받게 될지도 모르니까요.

사람들은 강력한 국가를 만들기 위해 산업 발달을 통해 국가의 부를 증대하려고 합니다. 하지만 한 나라의 자원은 무한하지 않고 한정되어 있습니다. 국가의 구성원들이 아무리 노력한다 해도 영토 이상의 생산을 할 수 없는 것은 당연합니다. 그럼 국가를 더욱 강대하게 하려면 어떻게 해야 할까요?

잔혹하지만 간단한 해법이 있습니다. 바로 다른 국가와 민족의 것을 빼앗는 것입니다. 다른 민족들보다 조금 앞서 정치적·경제적 발전을 이룩한 강대국들은 주변의 다른 나라들을 침략하는 것은 물론 이전부터 운영해 왔던 세계 각국의 식민지들을 더욱 확장하기 위해 노력했습니다. 근대 국민 국가를 형성하는 데 큰 역할을 했던 민족주의가 다른 민족을 침략하고 지배하여 영토의 생산력을 높이려는 제국주의로 변신하는 것입니다. 제국주의 국가들은 지배를 정당화하기 위해 식민지의 제도나 정체성을 무시하고, 식민지 사람들을 자신들보다 열등한 민족으로 규정합니다. 그들은 '나'가 아니고 '너'니까, '우리'가 아니고 '너희'니까요. 사람이란 나의 작은 고통에는 펄쩍 뛰지만 타인의 고통은 아무리 커도 당사자만큼 공감하지 못합니다. 근대 민족 국가는 '나'와 '우리'뿐만 아니라 내가 아닌 다른 사람, 즉 타자도 함께 만들어 낸 것입니다.

조금 전에 살폈던 프랑스와 프로이센 사이의 전쟁도 이런 맥락에서 이해할 수 있습니다. 승리는 독일인들에게 자민족에 대한 자긍심을 심어 주었습니다. 이 전쟁을 통해 통일된 독일 제국의 힘이 결코 약하지 않다는 것을 확인한 것입니다.

하지만 독일인들의 마음속에는 여전히 불안감이 남아 있었습니다. 독일 제국은 영국이나 프랑스 같은 기존 강대국들보다 늦게 탄생했기 때문입니다. 독일인들은 하루빨리 그 나라들을 따라잡아야 했습니다. 그래서 독일은 비스마르크의 철혈 정책이 상징하듯 강력한 권력을 가진 정부의 주도 아래 국력을 신장시키는 방법을 택했습니다. 다른 강대국들이 부국강병과 함께 그에 수반되는 갈등과 문제점을 시민들 사이의 합리적인 대화와 토론을 통해 해결해 간 것과는 대조적이지요. 독일 제국은 다른 강대국들이 필수적으로 거쳐 왔던 시민의 자유에 관한 논쟁을 제국의 발전이라는 국익을 위해 잠시 묻어 두었습니다. 형평성보다 효율성을 극대화하는 길을 선택한 것이지요. 나중의 이야기이긴 하지만 효율성만 추구하는 방법의 부작용은 엄청난 대가로 돌아오게 됩니다.

프랑스를 이김으로써 어엿한 강대국의 자리에 오른 독일 제국은 국가의 번영에 온 힘을 쏟았습니다. 그러기 위해서는 영토 이상의 생산력, 다시 말해 식민지가 많이 필요했습니다. 그러나 이미 전 세계의 식민지들은 기존 강대국들, 즉 영국과 프랑스 등이 차지하고 있었습니다. 그중에서도 최강의 해군력과 최대의 식민지를 가진 영국이 가장 큰 걸림돌이었습니다.

통일 초기에 독일 제국은 영국의 눈치를 살필 수밖에 없었습니다. 직전의 전쟁에서 승리를 거두었다 해도 여전히 프랑스는 만만치 않은 상대였고, 그런 상황에서 영국과 전선을 확대할 필요는 없었기 때문입니다. 독일 제국은 영국과 프랑스의 견제로 인해 식민지를 확장하기 어려웠습니다. 신흥 국가가 강대국이 되는 길은 험난했습니다.

팽팽한 긴장

독일인들의 마음속에는 영국이 독일의 앞길을 막고 있다는 생각이 커져 갔습니다. 새로운 경쟁자 영국을 넘어서기 위해 독일 제국은 해군을 강하게 만들기 시작했습니다. 세계를 넘나드는 강한 해군이 있어야만 식민지 경쟁에서 영국을 이길 수 있다고 생각했지요. 이런 모습을 본 영국 또한 가만히 있지 않았습니다. 상대가 나를 치려고 준비하는데 가만히 앉아서 당할 사람은 없겠지요. 영국 역시 독일에 질세라 해군을 확대하면서 두 나라 사이의 긴장감은 점점 커져 갔습니다.

그러던 중에 독일의 마음을 다급하게 하는 일이 발생했습니다. 영국과 프랑스가 아직 기득권을 주장하지 않은 중국 쪽으로 독일이 진출하면서 태평양 제도 쪽으로 슬금슬금 식민지를 확대해 가자, 마치 개와 고양이처럼 사이가 나빴던 영국과 프랑스가 독일을 견제하기 위해 연합을 맺은 것입니다. 두 나라면 충분한 테이블에 다른 나라를 끼워 넣고 싶지 않았기 때문이지요. 힘의 논리가 적용되는 국가 간의 관계란 이렇게 손익 계산을 통해 순식간에 바뀌는 법입니다.

독일 제국은 이제 고립되었습니다. 이런 상황을 타개하기 위해 독일 제국은 비슷한 처지인 오스트리아, 이탈리아와 삼국 동맹을 맺어 편을 늘렸습니다. 그러자 영국과 프랑스가 또다시 러시아와

삼국 협상을 맺음으로써 유럽의 정세는 두 진영으로 나뉘어 일촉
즉발의 상황으로 가게 됩니다.

당겨진 활시위처럼 팽팽하던 대치 상황은 1914년 사라예보에서
세르비아의 통일을 부르짖던 한 청년이, 통일을 방해하던 오스트
리아 황태자 부부에게 총을 쏘면서 툭 하고 끊어졌습니다. 사상 초
유로 거의 전 세계가 편을 갈라 싸운 제1차 세계 대전이 시작된 것
입니다.

오스트리아는 즉각 세르비아에 선전 포고를 했고, 러시아는 같
은 슬라브 민족인 세르비아를 돕기 위해 전군 동원령을 내렸습니
다. 오스트리아의 동맹국인 독일도 보고만 있지 않았습니다. 독일
은 러시아의 동맹국인 프랑스에 선전 포고를 함과 동시에 중립국
인 벨기에를 침략했습니다. 동맹국들이 전쟁을 시작하니 영국도
손을 놓고 있을 수 없었습니다. 영국이 독일 제국에 선전 포고를
하고 전쟁에 참여하면서 유럽 전역이 전쟁의 소용돌이에 휘말리
게 되었습니다.

전쟁의 당사국이 된 나라에서는 민족주의의 광풍이 몰아쳤습
니다. 각 나라 지배층들의 선전은 민족주의를 더욱 부추겼고 많은
국민이 국가를 위해 죽을 수도 있다는 마음으로 전쟁에 참여했습
니다.

자원입대하는 이들의 마음속에는 세계에서 가장 우수한 자신
들의 나라가 전쟁에서 승리할 것이라는 기대와 자부심이 가득 차

있었습니다. 입대하는 사람과 보내는 사람 모두가 미래에 대한 걱정은 접어 둔 채 국기를 흔들며 만세를 부르는 것이 당시의 일상적인 풍경이었습니다. 프랑스 혁명군의 사례에서 보았듯이 애국심으로 무장한 군대가 약할 리는 없겠지요? 모두가 금방 끝날 것이라고 예상했던 전쟁은 무려 4년이나 지속되었습니다.

제국의 몰락

초기의 전황은 독일이 포함된 삼국 동맹(이탈리아는 전쟁이 발발한 후 동맹에서 탈퇴하여 중립을 선언한 후, 동맹에 선전 포고를 하며 다시 연합국에 합류합니다.) 측에 조금 유리했습니다. 독일은 전선을 2개로 나누어 영국 및 프랑스와 대결하는 서부 전선과, 러시아와 대립하는 동부 전선을 운영했는데 서부 전선에서는 큰 전과가 없었지만, 동부 전선에서 승리를 거두면서 폴란드를 점령하게 됩니다. 러시아의 지원을 받은 세르비아가 세력을 확장하는 것에 두려움을 느낀 오스만 제국이 동맹 측에 가담하면서 동부 전선에서 우위를 지킬 수 있었던 것입니다.

하지만 동맹 측의 우세는 그것이 마지막이었습니다. 독일이 해상에서 영국의 해군력을 감당하지 못했기 때문입니다. 바다를 제압한 영국이 독일로 들어가는 물자를 철저히 봉쇄하자 독일의 속은 바짝바짝 타들어 가기 시작했습니다. 그래서 나온 것이 바로 무제한 잠수함 작전입니다. 독일도 영국으로 가는 물자를 막겠다는 것이지요. 바다 위의 전력은 영국에 못 미치지만 독일의 기술력을 집중하여 만든 유보트라는 신형 잠수함은 영국의 것과 비교해도 밀리지 않았습니다.

독일은 잠수함으로 영국과 프랑스 해상에 있는 모든 배들을 국적을 가리지 않고 공격하기로 결정합니다. 이 작전은 어느 정도 성과가 있었습니다. 영국으로 가는 군수 물자가 줄어들었기 때문입니다. 하지만 이 작전은 득보다 실이 많았습니다. 무제한 잠수함 작전으로 그동안 세계 무대에 제대로 모습을 드러낸 적이 없던 새로운 강대국을 자극했기 때문입니다. 바로 미국의 참전을 불러온 겁니다.

애초에 미국은 유럽에서 발발한 전쟁에 참가할 마음이 없었습니다. 오히려 미국의 속내는 그 전쟁에 물자를 판매해 자국의 부를 증대하려는 것이었습니다. 실제로 미국은 독일이든 영국이든 상대를 가리지 않고 전쟁 물자를 판매했습니다. 하지만 독일의 눈에는 미국이 중립을 지키는 것이 아니라 영국 편을 드는 것으로 보였지요. 미국은 독일의 적으로 간주되었습니다.

독일군의 잠수함이 미국 여객선과 화물선을 격침시키자 미국은 더 이상 참지 못하고 독일에 선전 포고를 하면서 전쟁에 뛰어들었습니다. 미국의 참전은 전쟁의 양상을 순식간에 바꿔 놓았습니다.

주변에 다른 강대국이 없었던 관계로 쓸데없이 힘을 낭비하지 않고 비축할 수 있었던 미국은 생산력 면에서 독일과 그 동맹국들을 압도했기 때문입니다.

전쟁으로 인한 피해를 감당할 수 없게 된 동맹국들은 차례차례 영국 및 미국의 연합국 측과 전쟁을 그만둔다는 정전 협정을 맺기 시작했습니다. 먼저 오스트리아·헝가리 제국이 전쟁을 그만두었고 그 뒤를 이어 오스만 제국 역시 종전 협정에 서명했습니다.

전선의 대부분을 담당했던 독일은 마지막까지 버텼지만 전쟁의 승패를 바꿀 수는 없었습니다. 독일 내부에서도 국력을 약화시킨 전쟁에 대해 책임을 묻는 목소리가 나오기 시작했고 그 결과 빌헬름 2세가 강제로 퇴위되었습니다. 이후 독일 제국은 제국 체제가 무너져 왕이 없는 나라인 공화국으로 전환되었습니다. 내부의 혼란은 전쟁을 버틸 마지막 힘마저 빼앗아 버렸고 마침내 1918년, 독일은 무조건적인 항복을 하게 되었습니다.

역사상 처음으로 세계의 여러 나라가 편을 나누어 싸운 1차 대전은 참으로 많은 것을 바꿔 놓았습니다. 우선 그때까지만 해도 유럽에 남아 있던 전제 국가들을 몰락시켰습니다. 게르만 족과 헝가리인을 주축으로 여러 소수 민족들로 구성된 오스트리아·헝가리 제국은 전쟁의 패배와 함께 해체되었습니다. 제국을 구성하던 각 민족들은 오스트리아, 헝가리, 체코슬로바키아, 크로아티아 등 새로운 국가를 세웠습니다. 오스만 제국 역시 그간 다스렸던 영토의

제임스 플래그가 그린 미국의 군인 모집 포스터, 1917년. 독일의 무제한 잠수함 작전은 잠자던 거인 미국을 깨우는 신호탄이 되었습니다. 미국은 국민들의 적극적인 참전을 요청하면서 '미국이 당신을 원한다.'는 슬로건으로 애국심을 자극했습니다. 이 포스터는 매우 인기를 끌어 이후 제2차 세계 대전에도 사용되었습니다.

대부분을 잃었고, 술탄의 지배력마저 의심받으면서 무스타파 케말의 주도 아래 터키 공화국으로 재탄생했습니다. 이 나라들은 다른 나라들보다 조금 늦었지만 각각 새로운 근대 국가로 전환했고 일부는 승전국들에 의해 영토가 분할되었습니다.

그전까지 무섭게 성장하던 신흥 강국 독일의 상승세는 한풀 꺾였습니다. 전후 처리를 위해 맺은 베르사유 조약에 따라 영토 일부와 식민지, 선박들을 전쟁 배상의 명목으로 승전국들에게 빼앗겼기 때문입니다. 이는 앞으로 있을 또 하나의 불행한 전쟁의 씨앗이 됩니다.

승전국인 영국과 프랑스도 장기간 전쟁을 치르느라 미국에 엄청나게 많은 빚을 졌기 때문에 당분간 대외 활동이 어려워졌습니다. 1차 대전은 이렇게 독일과 기존 강대국인 유럽 나라들의 하락과 미국의 급부상으로 마무리 짓게 되었습니다. 아이러니하게도 제국의 영토를 확대하기 위한 전쟁이 제국의 몰락을 가속시킨 것이지요.

잠자는 불곰

1차 대전으로 가장 큰 변화를 겪은 나라 중 하나는 사회주의 혁명이 일어나 제국의 멸망을 맞이하게 된 제정 러시아입니다. 유럽 대륙의 중심에서 비껴 나 동쪽 구석에 자리 잡은 러시아는 광대한 영토에도 불구하고 그 지정학적 위치상 유럽 대륙의 유행에서 늘 한발 뒤처져 있었습니다. 그래서인지 유럽의 중심 국가들은 역사적으로 러시아에 크게 신경을 쓰지 않는 분위기였지요. 러시아 출신 귀족들은 유럽 사교계에서 시골뜨기 벼락부자로 취급받곤 했습니다.

서유럽인들의 이러한 태도는 러시아를 지배하던 로마노프 왕조의 황제인 차르들에게 커다란 자극을 주었습니다. 차르는 절대 왕정 시기 유럽 대륙의 왕들과 비슷하게 강력한 권력을 갖고 있었습니다. 행정, 입법, 사법 등 모든 부문에서 제약받지 않는 것은 물론 종교적으로도 러시아 정교의 최고 지위를 겸임함으로써 '신 바로 아래에 있는 존재'로 여겨졌지요.

하지만 러시아와 유럽의 차이점도 있었습니다. 유럽의 절대 왕정은 경제적으로 중상주의를 추구한 반면, 러시아는 중세에 유지되었던 농노제적 대지주제가 주된 경제적 동력이었습니다. 러시아 지주들은 농노들을 가혹하게 수탈했고, 폭정을 견디지 못한 농노들이 수시로 반란과 반체제 운동을 일으켰기 때문에 당시 러시아 사회는 매우 불안한 상황이었습니다.

이런 상황에서 18세기 무렵부터 표트르 1세와 예카테리나 2세를 포함한 러시아의 개혁 군주들은 유럽의 안정된 체제를 배우기 위해 강력한 서유럽화 정책을 시도했습니다. 러시아의 체질을 개선하려는 노력에 들어간 것이지요. 서유럽에 사절단을 보내 문물을 습득하는 한편, 황실 재산을 털어 여성들을 위한 학원을 세우기도 했고 상비군을 만들고 군수 공장을 세워 군사력을 근대화하기도 했습니다. 이러한 노력들은 러시아에 학문과 예술의 부흥을 가져왔고, 군사적으로도 유럽 국가인 스웨덴을 점령하는 데 성공함으로써 어느 정도 성과를 거두었습니다.

하지만 그 부작용 또한 만만치 않게 드러났습니다. 일단 개혁의 성과가 러시아 인구의 대부분을 구성하는 농노들에게는 거의 돌아가지 않았습니다. 또 스웨덴과의 '북방 전쟁'에 많은 물자와 군인을 동원하느라 농노들이 심한 피해를 입었습니다. 그때는 러시아가 아직 근대 민족 국가의 단계에 들어서기 전이어서 농노들은 국가에 대한 애국심이 없었지요.

게다가 예카테리나 2세는 집권에 도움을 준 귀족들에게 보상하기 위해 귀족의 특권 확대 정책을 폈습니다. 신분이나 소득에 관계없이 사람이라면 무조건 내야 하는 인두세를 면제해 주고 귀족들이 소유할 수 있는 농노의 수를 늘려 주었습니다. 이런 시대에 역행하는 정책은 러시아의 특권 계급과 농노들 사이에 갈등의 골을 더욱 깊어지게 만들었습니다.

그런 와중에 차르들이 진행해 오던 러시아 개혁 운동은 프랑스 혁명이 발생하자 중단되었습니다. 차르들은 여전히 서유럽을 동경했지만 차르의 권위 대신 국민들의 권리를 인정하는 프랑스 혁명의 정신을 수용하는 것은 원하지 않았습니다. 그렇게 되면 특권 계급의 지위를 보장받지 못하게 될 테니까요. 그래서 프랑스 혁명 시기의 차르들은 개혁을 하는 대신, 농노 제도를 더욱 강화하는 등 반동 정치를 펼치고 그에 반대하며 개혁을 요구하는 사람들을 총과 칼로 억압했습니다.

그 대표적인 것이 농노제 폐지를 요구하며 일어난 '푸가초프의 반란'입니다. 이 반란은 예카테리나 2세의 가혹한 정치에 지친 수많은 농민들의 호응을 얻었고 제정 러시아의 안위를 심각하게 위협했습니다. 2년여에 걸친 반란은 결국 진압되었지만, 사람들의 마음속엔 낡아 빠진 봉건주의에 대한 반발심이 자리 잡게 되었습니다. 이후에도 농노제를 폐지하고 러시아를 개혁하기 위해 청년 장교들이 1825년에 '데카브리스트의 반란'을 일으키는 등 여러 반란이 연이어 일어났지만 차르들은 별다른 대책을 마련하지 않았습니다.

그 무렵인 1853년에 러시아는 지중해 방향으로 진출하기 위해 터키를 침공하다 터키, 영국, 프랑스 등 유럽의 연합국과 크림 전쟁을 벌이게 되었고 이는 러시아의 후진성을 입증하는 계기가 되었습니다. 상대는 최신 무기로 무장한 것에 비해 러시아는 낡은 무기와 장비로 대응하여 참패를 면할 수 없었기 때문입니다.

다급해진 차르 알렉산드르 2세는 러시아의 체질 개선을 위해 농노 해방령을 내림으로써 근대 국가로 첫발을 내디뎠습니다. 하지만 너무 늦은 처방이었는지 개혁을 바라는 젊은 사상가들과 농노들의 분노는 더욱 끓어올랐고, 시간이 흐를수록 러시아 내부의 갈등은 점점 커져 갔습니다. 이런 시기에 러시아의 마지막 차르가 된 사람이 바로 니콜라이 2세입니다.

피의 일요일

니콜라이 2세는 예의가 바르고 학문을 좋아하는 사람이었다고 전해집니다. 독실한 신앙인이었고 가족에 대한 애정도 깊었다고 하지요. 하지만 혼돈의 세계정세 속에서 러시아라는 거대한 국가를 다스리기에는 정치적 능력이 부족했습니다. 러시아가 무척 낙

후된 상황임에도 전제 정치 체제에 변화를 주는 것을 꺼렸지요. 그 대표적인 사례가 동아시아의 신흥 강국 일본과, 만주 지역과 대한 제국에 대한 주도권을 놓고 1904년에 벌인 러일 전쟁입니다.

당시만 해도 러시아는 이제 막 강대국의 반열에 올라선 일본에 비해 우월한 전력을 가지고 있었습니다. 그래서 두 나라 사이에 전쟁이 벌어지자 대부분 러시아가 이길 것이라고 예상했습니다. 하지만 일본이 불리한 전세를 뒤집기 위해 영국, 미국과 밀약을 맺어 군수 물자를 보급받고 만주 지역에 첩자를 파견해 정보를 수집하는 등 여러 노력을 하는 동안, 러시아는 별다른 준비를 하지 않았지요.

결국 러일 전쟁은 일본의 승리로 끝을 맺었고, 러시아는 미국의 중재로 일본과 굴욕적인 포츠머스 조약을 맺게 됩니다. 그 결과 러시아는 대외적으로 대한 제국과 만주에서 영향력을 잃게 되었고, 대내적으로는 차르의 위상이 바닥에 떨어지고 말았습니다. 러시아 국민들의 분노는 커졌고 반체제 운동은 더욱 활발해졌습니다.

밖에서 러일 전쟁이 벌어지는 와중에 러시아 안에서는 국민들의 마음이 차르에게서 돌아서는 결정적인 사건이 벌어집니다. 바로 '피의 일요일'이라 불리는 끔찍한 사건입니다. 이 사건이 벌어지기 전까지만 해도 차르의 권위는 그럭저럭 유지되고 있었습니다. 차르는 황제이자 종교 지도자였고 중세 봉건제에서 살펴본 바와 같이 종교적인 열정은 사람들의 마음 깊숙한 곳을 지배하여 쉽게 바뀌지 않기 때문입니다.

러시아 제2의 도시 페테르부르크에는 토지가 없어 농업을 포기하고 도시로 향한 농민들이 노동 계층이 되어 사회의 하층민을 구성하고 있었습니다. 저임금과 가혹한 노동 조건에 불만은 있었지만 차르에 대한 믿음만은 굳건한 사람들이었지요.

1905년 1월 22일 일요일, 고된 노동에 지친 노동자들은 차르에게 자신들의 형편을 굽어살펴 달라며, 차르가 겨울을 나기 위해 지은 겨울 궁전 앞으로 행진하기 시작했습니다. 찬송가와 함께 차르를 찬양하는 노래를 부르며 걸었지요. 결코 차르나 정부에 대한 적의를 드러내지 않았습니다. 그래서 자신들의 안전을 걱정하지 않았고, 관대한 차르가 적절한 조치를 내려 줄 것이라고 믿었습니다.

하지만 차르는 그 소박한 믿음을 배반했습니다. 니콜라이 2세가 사람들에게 내린 것은 빵과 포도주가 아닌 대포와 총이었습니다. 무방비의 사람들은 속절없이 쓰러져 갔습니다. 겨울 궁전 앞은 수천 명의 사람이 흘린 피로 시내를 이루었습니다. 곳곳에서 차르와 정부에 대한 원망이 들끓었지요.

동료들의 학살 소식을 들은 노동자들은 곧바로 소비에트(Soviet)라는 노동자 협의체를 결성하고 전국적인 파업에 들어갔습니다. 파업의 구호에는 이전과 달리 차르의 퇴진을 요구하는 '우리에게 이제 차르는 없다.', '전제 타도', '공화국 수립'과 같은 정치적인 구호가 등장했지요.

「황제 니콜라이 2세의 초상화」, 일리야 레핀 작, 1895년. 니콜라이 2세는 정치적 능력과 상관없이 러시아 국민들에게 어느 정도 인기가 있었습니다. 하지만 국민들에게 총을 발사한 '피의 일요일' 사건과, 성직자였던 라스푸틴의 내정 문란 때문에 국민들의 마음은 떠나고 말았습니다.

피의 일요일 사건부터 그해 10월까지 벌어진 소비에트의 동맹 파업은 니콜라이 2세와 러시아 정부를 긴장시켰습니다. 니콜라이 2세는 언론과 출판의 자유 같은 국민의 기본권을 인정하고 자유로운 선거에 따른 의회 설립을 약속함으로써 혁명의 분위기를 간신히 무마합니다. 하지만 정부의 권위는 이미 바닥까지 떨어졌고, 차르에 대한 신뢰 또한 사라진 상황이었습니다. 그로부터 10년 후 러시아가 1차 대전에 참전한 것은 결정적인 파국을 불러왔습니다. 전쟁으로 수많은 러시아인이 죽었고, 전쟁 물자를 충당하기 위해 국민들의 재산을 공출한 탓에 남은 사람들의 생활도 피폐해졌지요.

길어지는 전쟁에 견디지 못한 노동자들은 1917년 동맹 파업을 하면서 다시 들고일어났습니다. '빵을 달라.'와 '전쟁 반대'로 시작했던 파업 구호는 시간이 흐르면서 그 모든 것의 원인인 차르를 향해 '차르 퇴진'이라는 구호로 변화했지요. 니콜라이 2세는 군대를 동원했지만 군대조차 노동자 편에 합류했습니다. 점점 커져 가는 시위를 막지 못한 니콜라이 2세는 마침내 차르의 지위에서 하야한다는 선언을 합니다. 시대의 흐름에 뒤처져 변화를 따라가지 못하던 절대 왕정의 마지막 왕이 드디어 자리에서 내려온 것입니다. 훗날 학자들은 이것을 2월 혁명이라 부릅니다.

2월 혁명을 통해 오랜 기간 제정 러시아를 이끌어 온 차르 시대는 막을 내렸습니다. 모든 권력은 입헌 민주당이 주도하는 임시 정부로 넘어갔고 니콜라이 2세와 그 가족들은 우랄 산맥에 있는 예카테린부르크에 유폐되었습니다.

늙은 자의 최후

차르가 퇴진한 후에도 러시아는 여전히 혼돈의 상태였습니다. 사회의 기득권을 장악한 자본가와 지주 계급이 만든 러시아 임시 정부와, 노동자와 민중의 협의체인 소비에트가 의견을 달리했기 때문입니다. 임시 정부는 민중들의 반대에도 불구하고 자신들의 이익을 위해 1차 대전에 계속 참여하기로 결정했고, 노동자들의 임금 인상 요구 또한 묵살했습니다. 이에 분노한 민중들은 도대체 혁명 이전과 달라진 것이 무엇이냐며 임시 정부를 비판했습니다. 이때 등장한 사람이 블라디미르 레닌입니다.

레닌은 민중의 뜻과 어긋나는 임시 정부를 타도하자고 주장합니다. 하지만 임시 정부가 즉각 레닌과 그 일파를 탄압하면서 러시아는 임시 정부와, 레닌이 주도하는 볼셰비키(소비에트 내부의 다수파) 정당의 내전 상태로 접어듭니다. 몇 개월 동안 내전이 이어지다 마침내 그해 10월 볼셰비키가 승리함으로써 러시아의 권력은 레닌과 볼셰비키에게 넘어가게 됩니다. 레닌은 전쟁을 즉각 중단하기 위해 '평화 포고'를 선언했습니다. 그리고 소비에트는 토지를 국유화하고 은행을 비롯하여 생산과 분배의 모든 권한을 소비에트가 통제하도록 했습니다. 세계 최초의 공산주의 혁명인 10월 혁명이 러시아에서 성공한 것입니다.

하지만 레닌의 공산주의 혁명에 반대하는 세력의 저항도 만만치 않았습니다. 자본가와 지주들은 끊임없이 군사를 동원하여 레닌과 소비에트 정부를 공격했습니다. 이런 상황에서 니콜라이 2세의 처우가 문제가 되었습니다.

찰스 1세와 루이 16세의 사례에서 보듯이, 민중의 혁명으로 쫓겨난 왕을 어떻게 대우할 것인지는 언제나 골칫거리입니다. 이전까지 왕이었던 사람에 대한 동정심에서 왕을 살려 주자는 사람들과, 왕이 살아 있으면 왕을 구심점으로 반혁명 세력이 뭉칠 수 있으므로 반드시 왕을 없애야 한다는 사람들로 나뉘지요. 니콜라이 2세의 경우도 마찬가지였습니다. 차르를 증오하는 노동자들은 차르를 처형하자는 입장에 섰습니다. 혁명의 주역 중 하나인 트로츠키의 생각도 이와 같았습니다.

트로츠키는 레닌에게 자신이 검사장이 되어 니콜라이 2세를 법정에 세우겠다고 합니다. 재판을 진행하면서 차르의 죄를 하나하나 지목해 민중들에게 차르와 제정 러시아의 문제점을 알림으로써 혁명의 정당성을 강화하려는 의도였지요. 반대 견해도 있었습니다. 피고석에 앉아 검사의 신문을 듣는 차르의 모습은 민중에게 적대감보다 동정심을 불러일으킬 수 있다는 것이 그 이유입니다.

하지만 논쟁은 오래가지 않았습니다. 혁명에 반대하는 세력들이 어느새 차르의 근처에 도착했기 때문입니다. 차르를 공개 재판에 처한다는 계획은 곧 취소되었고 차르의 신병을 관할하는 우랄 지역의 소비에트는 차르의 처형을 결정했습니다. 재판에 꼭 필요한 과정인 검사에 의한 기소와 변호, 법관의 판결 과정이 생략된 그야말로 즉결 심판이었습니다. 찰스 1세와 루이 16세가 비록 형식적이나마 정식 재판을 거쳐 처형이 결정된 것에 비하면 니콜라이 2세의 처형은 최소한의 형식도 갖추지 않고 순식간에 진행되었습니다. 시대를 한참 거스른 전근대적인 재판이었던 것입니다.

차르 일가에 대한 처형을 승인받은 군인들은 1918년 7월 16일 새벽 2시에 니콜라이 2세가 머무르는 집으로 가서 그 가족 모두를 지하실에 소집했습니다. 한 공간에 모인 차르와 사람들은 앞으로 무슨 일이 벌어질까 궁금하고도 두려운 얼굴로 군인들을 바라보았습니다. 그러자 처형의 책임자가 나서서 간결하고 짤막한 선고를 차르에게 들려주었습니다.

"니콜라이 로마노프! 우랄 소비에트는 당신이 러시아 인민에 대해서 범한 죄과로 당신과 그 가족을 사형을 처하기로 결정했소."

뜻하지 않은 소리에 당황한 니콜라이 2세가 "뭐라고?" 하고 되물었지만 그 말을 끝으로 니콜라이 2세는 머리에 총을 맞고 사망했다고 전해집니다. 그는 마지막까지 자신과 러시아에 닥친 운명이 무엇인지 알지 못했던 것이지요. 그렇게 러시아의 마지막 차르는 피의 일요일에 국민들이 당했던 일을 되돌려 받았습니다.

다른 유럽 국가들에 비해 절대 왕정이 너무 늦게까지 유지되어서일까요? 러시아는 마지막 전제 군주를 빠르게 처형하며 서둘러 근대 국가로 편입합니다. 제정 러시아의 시대는 종료하고, 러시아는 소비에트의 주도 아래 소비에트 사회주의 연방(소련)이라는 새로운 나라로 거듭납니다.

하지만 많은 혁명의 끝이 그렇듯 소련 역시 낙원이 아니라는 것은 후일 밝혀지지요. 소련이 새로운 정치 경제 체제로 선택한 공산주의 자체에 내재된 모순과, 소련의 초대 서기장이 된 스탈린의 가혹한 공포 정치로 수백만 명의 희생자가 발생하기 때문입니다.

어쨌든 이후 소련은 떠오르는 강자 미국과 함께 역사 속에서 새로운 대결 구도를 만들어 가게 됩니다. 한참 뒤의 일이지만 말입니다.

6

동정 없는 비극

숄 남매와 제2차 세계 대전, 20세기 중반

너무 늦기 전에 저항해야 한다.
우리의 마지막 도시가 부서지기 전에…
우리의 마지막 젊은이가 피를 흘리기 전에….

백장미단의 전단지 중에서

전국 역사 교사 모임 『살아 있는 세계사 교과서』 2, 휴머니스트 2005, 208면.

전쟁과 평화

사상 최초로 세계의 국가들이 편을 나눠 벌인 1차 대전은 전쟁에 참여한 국가들에 큰 충격을 주었습니다. 민족의 이권을 위해 다투는 국가들 사이에 의사소통이 단절된다면, 사소한 불씨 하나가 언제든지 대규모 전쟁으로 확대될 수 있다는 것을 확인하는 계기가 된 것입니다. 이런 인식을 바탕으로 대화와 타협을 통해 전쟁위기를 사전에 방지하고자 만들어진 것이 바로 국가들 간의 의사소통 기구인 국제 연맹입니다.

국제 연맹은 1차 대전 당시 미국 대통령이었던 윌슨이 제안한것으로 국가 간 분쟁의 중재와 집단 안보를 내세우며 국제 평화유지를 위해 창설되었습니다. 여기서 집단 안보라는 개념은 매우중요한 의미가 있습니다. 이전까지는 자국의 안전을 스스로 지켜야 했지만, 집단 안보를 결정한 이후에는 다른 국가가 함께 보증해 주는 형태가 되기 때문입니다. 요컨대 집단 안보를 위해서는 자민족이나 자국의 이익만 챙기는 것이 아니라, 모든 국가가 다른 국가의 이익이나 안전에 대해 신경을 써야 합니다. 1차 대전의 주요한 원인이 되었던 민족주의와 제국주의에 대한 반성적 사고가 반영된 것이지요.

세계 평화를 모든 나라가 함께 책임지자는 취지 덕분에 국제 연맹은 일부 국가들끼리 맺고 있던 동맹 관계를 해소시키고, 각국의 군사력을 축소시키는 등 그 나름대로 성과를 거두며 국가 간의 사이를 조금 더 가깝게 만들었습니다. 사람들은 국제 연맹이 있는 한 1차 대전 같은 비극은 다시 발생하지 않을 것이라 기대했지요. 하지만 국제 연맹은 완벽한 평화를 가져오지는 못했습니다. 애초부터 심각한 문제들을 안고 출발했기 때문입니다.

가장 큰 문제점은 국제 연맹이 결정한 사안에 군사적 강제력이 없으며 연맹 탈퇴도 자유로웠다는 점입니다. 다시 말해 연맹에 속한 국가가 연맹의 결정 사항에 불만이 있을 때 그 결정에 따르지 않고 연맹을 탈퇴해도 제재할 방법이 마땅치 않았습니다. 게다가 당시 세계에서 가장 강한 국가였던 미국이 의회의 반대로 연맹에 불참했습니다. 신흥 강대국인 소련과 1차 대전의 패전국인 독일과 터키가 초기에는 가입을 허락받지 못하는 등 국제 연맹이 모든 국가의 이익을 공평하게 다루지 않은 것도 문제였습니다.

국제 연맹의 이러한 처사에 이제 막 세계 무대에 나타난 신흥

1919년 12월에 미국 잡지 『펀치』에 실린 카툰. 국제 연맹에서 미국이 빠진 것을 풍자하고 있습니다.

강대국들은 기존 강대국들에 비해 차별을 받는다고 생각했습니다. 국제 연맹이 내세우는 평화 원칙 때문에 새로운 식민지를 갖는 데에 제약을 받았기 때문이지요. 이미 식민지를 충분히 확보한 영국과 프랑스에 비해, 신흥 강대국들은 그러지 못했습니다. 1차 대전에서 승자의 자리에 선 이탈리아와 일본이 대표적입니다.

이탈리아는 승전국임에도 불구하고 전후 처리 과정에서 푸대접을 받았다고 생각했습니다. 전사자가 무려 60만 명이나 발생하고 국가 경제가 무너졌는데도 자국의 영토를 확대하거나 새로운 식민지를 얻지 못했기 때문입니다. 일본 역시 마찬가지였습니다. 제국주의 시대의 막차를 탄 것이나 마찬가지였던 일본은 이탈리아와 함께 승전국으로서 더 많은 식민지를 원했기에 국제 연맹의 태도가 마음에 들지 않았지요. 그래서 두 나라는 국제 연맹에 대한 불만을 차곡차곡 쌓아 가며 언제라도 새로운 식민지를 획득할 수 있도록 계속해서 군사력을 강화하고 있었습니다. 이런 상황에서 국제 연맹이 유지하던 아슬아슬한 평화는 1929년 미국에서 시작된 금융 위기, 이른바 대공황을 맞으며 그 종말을 향해 가게 됩니다.

대공황

"어떤 가격에든 무조건 팝니다."

1929년 10월 24일 '검은 목요일'이라고 불리는 그날, 뉴욕의 월스트리트에 있는 증권 거래소를 가득 메운 사람들의 귀에 이런 소리가 들려왔습니다. 패닉 상태에 빠진 사람들의 비명에 가까운 외침이었습니다. 이날 있었던 주식 대폭락을 시작으로 기업들은 줄지어 문을 닫았고 수많은 개인 투자자들이 파산했으며 실업자들이 대량으로 쏟아져 나왔습니다. 1776년 건국 이래 승승장구하던 미국의 경제가 순식간에 얼어붙은 것이지요.

대공황이 일어나게 된 이유에 관해서는 여러 가지 견해가 있습니다. 가장 대표적인 이유는 다음과 같습니다. 1차 대전 이후, 많은 기업들은 전후 유럽의 복구 과정에 필요한 물건들을 생산해 내기 위해 대량 생산 체제를 갖추었습니다. 하지만 복구가 어느 정도 이루어진 후에는 더 이상 그 물건들을 구입할 수요가 없었습니다. 과잉 생산된 재고들은 기업의 창고를 가득 채웠고, 공장의 생산 라인은 멈추고 말았습니다. 그러면서 수많은 기업들이 도산하게 된 것입니다.

전후 처리 과정에서 생산력을 계속 증가시켜 온 미국 기업으로 세계의 자본이 몰린 것도 또 다른 이유입니다. 사람들은 빚을 내서라도 미국 기업의 주식을 사들였고 이는 기업의 가치에 대한 과대평가와 함께 '거품'을 형성했습니다. 거품이 꺼지자 주식은 휴지 조각이 되어 버렸고 파산하는 기업과 사람들이 늘어났습니다. 그러자 사람들은 현재의 경제 상태에 위기의식을 느끼고 가급적 소비를 줄여 돈을 아꼈습니다. 소비 심리가 위축되니 기업들은 가뜩이나 쌓인 재고를 처리하지 못해 경기가 계속해서 위축되는 악순환이 벌어졌지요.

중요한 것은 미국에서 발생한 대공황이 미국에만 영향을 끼친 것이 아니라 전 세계로 퍼졌다는 것입니다. 이미 유럽은 1차 대전의 전후 처리 과정에서 미국 경제의 영향권에 깊숙이 들어와 있었습니다. 미국의 불황은 곧 유럽의 불황이었으며, 여타 국가들은 아직 미국과 유럽의 생산력과 소비력을 따라갈 수 없었습니다. 대공황으로 인한 세계적인 경기 침체는 곧 각국 정치에도 영향을 미치게 되었습니다.

대공황에 대한 각국의 대응은 제각각이었습니다. 영국과 프랑스는 식민지를 수탈하는 방식으로 경제 위기를 버텨 나갔습니다. 하지만 앞서 말한 바와 같이 이탈리아나 일본은 그러한 식민지들이 부족했지요. 이들은 국제 연맹의 경고에도 불구하고 연맹을 탈퇴합니다. 동시에 일본은 중국을 침략하여 중일 전쟁을 시작하는 한편, 이탈리아는 북아프리카 지역을 침공하여 에티오피아를 점령합니다. 일본과 이탈리아의 이러한 독자 노선은 다른 국가에도 영향을 미쳐 여러 나라들이 줄줄이 국제 연맹을 탈퇴했습니다. 국제 연맹이 꿈꾸었던 세계 평화라는 이상이 조금씩 무너져 간 것입니다. 짧은 평화의 시기가 종료하고 제2차 세계 대전이 얼마 남지 않았다는 불길한 징조입니다. 그리고 대공황이 만들어 낸 결정적이면서 끔찍한 사건이 독일 제국의 후신인 바이마르 공화국에서 일어났습니다.

나치의 등장

1차 대전 이후 독일인들은 짙은 우울감과 패배감에 휩싸였습니다. 유럽의 약소국으로 살아온 세월이 길었는데 패전으로 인해 다시 약소국의 설움을 맛보아야 했기 때문입니다. 또 베르사유 조약에 따라 알자스로렌 지역을 프랑스에 내주는 등 일부 영토를 잃어버리고 막대한 전쟁 배상금까지 물게 된 상황은 독일인들에게 깊은 좌절감을 안겼지요. 게다가 강한 독일 제국을 만드느라 근대 국가가 반드시 거쳐야 하는, 자유와 평등에 대한 논쟁을 뒤로 미룬 대가로 독일 사회는 무척 혼란스러웠습니다.

독일 제국이 몰락한 뒤 세워진 바이마르 공화국은 제대로 운영되지 않았습니다. 공화국이란 군주를 모시지 않는 정치 체제로, 국민이 스스로 주인이 되는 국가를 의미합니다. 그전까지 정부 주도로 이루어지는 정책에 길들어 있던 독일 국민들은 갑작스럽게 주어진 자유가 무엇인지 명확히 알지 못했습니다. 민주주의가 정착된 다른 나라들 같으면 이미 걸러졌어야 할 주장들이 사방에서 난무하기 시작했지요. 바이마르 공화국의 헌법은 역사상 가장 민주적이고 선진적인 헌법이었지만, 그것을 악용하는 사람들이 나타나기 시작한 것입니다.

민주주의에서 발생하는 여러 시행착오를 경험할 시간이 거의 없었던 바이마르 공화국은 이런 상황을 통제할 능력이 없었고, 사회는 극심한 혼란 상태에 빠졌습니다. 그런 바이마르 공화국을 파국으로 몰고 간 사건이 바로 세계 경제를 충격으로 몰아넣은 대공황입니다. 전쟁의 피해를 극복하고 산업 시설을 복구하던 바이마르 공화국에 닥친 대공황은 국민의 절반을 실업자로 만들었습니다. 수백만 명의 독일인들이 절대적인 빈곤 상태에 놓였지요. 독일인들은 더욱 깊은 절망으로 빠져들어 갔습니다.

이런 상황에서 인류 역사상 최악의 학살자인 아돌프 히틀러와 그가 이끄는 나치가 등장했습니다. 히틀러는 미래에 대한 희망조차 갖기 힘든 상태를 지긋지긋하게 여기던 독일인들의 마음을 정확히 파악하고 있었습니다. 히틀러와 그의 추종자들이 가장 먼저 한 일은 패전의 희생양을 찾아 독일인들의 마음속에 짙게 드리운 패배감을 거두어들이는 것이었습니다.

히틀러는 독일 민족은 원래 매우 우수한 민족이다, 전쟁에 패배한 것은 독일 민족이 아니라, 독일의 안팎에서 독일 민족을 방해하는 유대인 같은 '2등 민족'이나 소련의 공산주의자들 탓이다 하고 주장했습니다. 그리고 이들을 '박멸'하는 것이 독일인에게 부여된 역사적 사명이라고 했지요.

어떠한 근거도 없었지만 히틀러와 나치의 이런 주장은 놀랍게도 독일인들에게 쉽게 먹혀들어 갔습니다. 대체로 사람은 자신에게는 관대하지만 타인에게는 엄격하기 때문일까요? 나쁜 일이 벌어졌을 때, 내가 아닌 다른 사람의 잘못이라는 이야기를 들으면 좋아하지 않을 사람이란 그리 많지 않을 겁니다. 히틀러의 선동에 넘어간 독일 국민들은 독일인이 다른 어떤 민족보다 우수하다는 생각을 다시 한 번 믿게 되었습니다.

1935년, 뉘른베르크 시가지를 행진 중인 히틀러의 모습. 웅변술이 뛰어났던 히틀러는 선전, 선동에 능했습니다. 교묘한 선동으로 독일이 겪는 어려움을 유대인의 책임으로 돌림으로써 독일인들의 지지를 이끌어 냈습니다.

이런 선동과 함께 히틀러는 독일 민족의 위엄을 다시 회복하기 위해서는 독일이 군사적으로 강력한 국가가 되어야 한다고 역설했습니다. 그러려면 독일 국민의 희생이 필요하다고도 했지요. 다시 말해 독일 국민은 개인의 자유와 평등을 외치기보다, 강한 독일을 위해 자신의 모든 것을 희생해야 한다는 것입니다. 흔히 전체주의로 알려진 파시즘이 시작된 것입니다.

이러한 주장은 패전으로 인해 자존심이 상해 있던 대다수의 독일 국민이 원하는 것과 맞아떨어졌습니다. 점차 독일은 파시즘의 기묘한 열기가 지배하는 사회가 되었습니다. 국민들은 강한 독일이라는 목표를 위해 노동권이나 표현의 자유 같은 권리를 반납했습니다. 규정에 어긋나는 엄청난 시간 외 노동을 하는 것은 물론, 다른 의견을 말할 정치적 자유를 포기하고 국가 공동체라는 전체를 위해 희생하는 사람들이 남녀노소 구분 없이 늘어났습니다.

철부지였던 한스 숄과 조피 숄 남매가 히틀러를 지지하는 청소년들의 모임인 '히틀러 유겐트'에서 활동하던 시기도 파시즘의 광풍이 불던 바로 이때였습니다.

뮌헨의 밤거리

히틀러 유겐트에 모인 청소년들은 서로 사이가 좋았습니다. 아이들은 나치의 문양인 하켄크로이츠가 그려진 깃발을 들고 시내를 행진하며 히틀러와 나치를 찬양하는 노래를 불렀지요. 비록 그런 행동이 앞으로 어떤 결과를 가져오게 될지 잘 몰랐겠지만 그때만큼은 위대한 독일 민족의 영광을 위해 충성하고 있다는 자부심을 느꼈습니다. 아직 어린 한스와 조피 남매를 비롯해 평범한 소년 소녀들이 히틀러 유겐트에 가입한 것은 당시의 사회 분위기에서 그렇게 놀랄 일이 아니었지요.

하지만 한스와 조피가 히틀러 유겐트에 가졌던 환상은 시간이 갈수록 깨져 갔습니다. 히틀러를 너무 믿지 말라는 아버지의 당부가 있기도 했지만, 지정된 노래만 부르고 특정한 깃발만 들어야 한다는 식으로 개인의 생각과 자유를 심하게 통제하는 히틀러 유겐트의 방식이 도무지 이해되지 않았습니다. 역사 선생님을 비롯해 히틀러에 반대하던 주변 사람들이 쥐도 새도 모르게 하나둘 사라져 간 것도 이상하기만 했지요.

그러나 그때만 해도 대다수의 독일인이 히틀러와 나치에 열광할 때라 숄 남매는 그런 생각을 주변에 쉽게 이야기할 수 없었습니다. 만약 이야기가 잘못 새어 나간다면 자기들도 역사 선생님처럼 언제 어떻게 사라질지 모르는 일입니다. 남매는 독일 민족만 찬양하고 다른 국가와 민족은 증오하는 독일 국민들의 이상한 열광이 점차 걱정되기 시작했습니다.

그런 우려는 한스가 뮌헨 루트비히막시밀리안 대학 의학부에

입학하면서 현실로 나타났습니다. 1차 대전의 전후 처리에서 소외되었다고 생각한 독일이 일본, 이탈리아와 동맹을 맺고 폴란드를 침공한 것입니다. 인류를 끔찍한 전쟁으로 몰아넣은 2차 대전이 시작되었지요.

총력전을 벌이는 독일의 사정상 한스와 조피도 각각 위생병과 노동 봉사자의 형식으로 전쟁에 참가하게 되었습니다. 그곳에서 한스와 조피는 전쟁의 참상을 보고 들으며 히틀러와 나치가 벌이는 전쟁에 더욱 회의를 느꼈습니다. 하지만 전쟁에 임하는 많은 독일 국민들은 여전히 히틀러를 철석같이 믿고 있었습니다. 게다가 철저하게 전쟁 준비를 한 덕택인지 독일은 전쟁 초기에 프랑스를 비롯해 유럽 대륙의 상당 부분을 점령하면서 승전보를 울렸습니다. 독일 국민들은 1차 대전에서 상처 입었던 자존심을 회복하고 자신들의 선택이 틀리지 않았다며 더욱더 히틀러를 찬양했습니다.

하지만 전황은 곧 반전되기 시작합니다. 비록 예전에 비해 그 위세는 줄었지만 언제나 유럽의 강대국 지위를 놓치지 않았던 영국이 강력하게 저항하자 유럽 대륙에서 전쟁이 생각보다 길어진 것입니다. 또 동남아시아 부근에서 유전 기지를 확보하려던 독일의 동맹국 일본이 진주만에 있는 미국의 해군 기지를 공습해 미국이 참전하면서 전황은 다시 독일과 그 동맹국들에게 불리해졌습니다. 게다가 독일이 점령한 지역에서도 비정규군의 형태로 저항하는 레지스탕스 활동이 활발해짐과 동시에, 불가침 조약을 맺었던 소련과의 동맹이 파기되어 독일의 전선이 대내외적으로 확대됨으로써 전황이 연합국 측으로 크게 기울어지게 됩니다.

전쟁이 뜻대로 진행되지 않고 길어지자 히틀러와 나치는 이전보다 더 강하게 국민들을 압박하며 악랄한 방법을 썼습니다. 독일 내의 유대인들을 수용소에 모아 격리하는 것은 물론 '우수한' 독일 민족의 유전자를 유지한다는 명분으로 장애인에 대한 대량 학살을 자행한 것입니다.

뮌스터 지역의 가톨릭 주교인 갈렌 신부로부터 이러한 사실을 전해 들은 한스와 조피는 나치의 끔찍한 만행에 격분했습니다. 그리고 감추어진 진실을 세상에 널리 퍼트리고 싶었습니다. 하지만 아직 히틀러와 나치의 광기에 전염된 사람들이 다수인 세상에서 드러내 놓고 히틀러의 만행을 폭로하고 전쟁에 반대한다고 말할 수는 없었지요. 게다가 독일 거리 곳곳에는 나치의 비밀경찰인 게슈타포들이 체제에 반대하는 사람들을 잡아가기 위해 잠복하고 있었습니다.

오랜 고민 끝에 남매가 택한 방법은 뜻을 같이하는 소수의 사람들을 모아 자신들의 주장을 담은 전단지를 만든 뒤 밤에 몰래 뿌리는 것이었습니다. 그러면 시민들을 감시하는 게슈타포의 눈길을 피할 수도 있고, 운이 좋으면 동조하는 사람들을 하나라도 늘려 갈 수 있으니까요. 그렇게 탄생한 단체가 바로 백장미단입니다.

한스와 조피가 다니는 대학 학생들을 중심으로 조직된 백장미단은 초기에는 지도 교수 후버를 포함해 다섯 명으로 구성된 소규모 단체였습니다. 이들은 '국가는 그 자체로 목적이 아니라 고귀한 인간성을 지키기 위한 수단에 불과한 것이며 국가의 헌법에 문제가 있다면 기꺼이 부정해야 한다.'라는 내용을 담은 전단지를 뿌렸습니다. 그를 통해 인간의 존엄성을 해치는 나치의 만행을 고발하는 한편, 전쟁에서 더 많은 독일 국민이 희생되는 것을 막고자 했습니다. 뮌헨의 밤거리에는 수시로 백장미단의 전단지가 뿌려졌습니다.

안타깝게도 백장미단의 활약은 뮌헨 대학에서 끝을 맺게 되었습니다. 대학의 한 건물 2층에서 전단을 뿌리다가 학교 수위에게 발각되어 게슈타포에 체포된 것입니다.

게슈타포는 남매를 따로따로 분리한 후 끔찍한 고문을 시작했습니다. 아무리 정의 회복과 신속한 수사를 위해서라고 하더라도, 사람의 신체나 정신에 직접적으로 고통을 주는 고문은 그 자체로 인간의 존엄을 파괴하는 범죄입니다. 극심한 고통을 못 이겨 허위로 자백하는 경우도 많기 때문에 신뢰할 수도 없지요. 그러나 이미 전체의 이익을 위해 개인의 인권을 무시하는 파시즘의 광기에 휩싸인 게슈타포에게 그런 생각은 사치에 불과했지요. 게슈타포는 남매에게 시뻘건 담뱃불로 맨살을 지지거나 손톱 아래에 못을 박는 고문을 자행했습니다. 고문을 통해 백장미단의 다른 구성원이 누구인지에 대한 자백과, 그들의 행동이 히틀러와 나치에 대한 반역이라는 자백을 받아 내려 한 것입니다.

결국 한스와 조피는 자백을 하고 맙니다. 하지만 그 내용은 백장 미단의 모든 활동은 오직 두 사람이 한 것으로 다른 사람은 아무런 상관이 없다는 것이었습니다. 또한 서로 자신이 백장미단의 주 동자라고 주장하면서 다른 쪽의 책임도 줄였습니다. 최후의 순간까지 희생자를 최소한으로 줄이고자 한 것입니다.

그들의 마지막 날

신문이 끝난 뒤 숄 남매는 곧장 국가 반역죄와 이적 행위로 기소되어 나치의 법정으로 향했습니다. 법정에는 파시즘의 광기로 가득한 방청객들과, 가차 없는 사형 선고로 유명한 재판장이 기다리고 있었습니다. 숄 남매가 입장하자 검사는 그들의 죄목을 분노를 담은 목소리로 하나하나 읊어 나갔지요. 기소장에 대해 조피는 이렇게 대꾸합니다.

"많은 사람들이 우리의 말과 글을 기억할 거예요. 단지 지금은 용기가 없을 뿐이죠."

체포된 지 불과 나흘 만에 남매에게 사형 선고가 내려졌습니다. 역사는 반복되는 것일까요? 중세의 종교 재판에서 사형에 처해졌던 불운한 브루노와 같이 한스는 사형 선고가 내려지는 순간 판사에게 이렇게 이야기합니다.

"다음에는 당신들이 이 자리에 서 있을 거예요."

숄 남매가 사형장으로 향하기 직전 부모님이 마지막으로 면회를 왔습니다. 만감이 교차하는 그 자리에서 한스는 이런 말을 남겼다고 전해집니다.

"저는 이렇게 된 것에 대해 아무도 미워하지 않습니다. 모든 것, 이 모든 것은 저 스스로 선택한 것이니까요."•

조피를 만난 부모님이 어린 딸이 너무나 가여운 나머지 눈물을 흘리자 조피는 부모님을 꼭 껴안으며 달랬습니다.

"이제 몇 년만 참으면 모든 것이 끝날 거예요."

조피는 사형대로 가면서 오히려 평온한 마음이 들었다고 합니다. 자기가 나치에게 사형을 선고받아 죽게 된다면 분노한 뮌헨의 대학생들과 많은 독일 사람들이 자신의 뜻을 이어받아 히틀러와 전쟁에 반대할 것이라고 믿었기 때문입니다. 그래서 조피는 죽기 직전에도 눈썹 하나 흔들리지 않을 수 있었습니다.

조피의 뒤를 이어 사형대에 선 한스는 마치 모든 독일인에게 외치는 것처럼 큰 소리로 말했습니다.

"자유여, 영원하라!"••

이 말을 마지막으로 남매는 한날한시에 죽음을 맞았습니다.

• 잉게 숄 『아무도 미워하지 않는 자의 죽음』, 송용구 옮김, 평단문화사 2012, 131면.
•• 같은 책 135면.

독일 뮌헨 루트비히막시밀리안 대학교 앞에 있는 숄 남매와 백장미단의 기념물 모습. 한스와 조피가 사형대로 향한 후 후버 교수를 비롯한 백장미단의 다른 구성원들도 체포되어 사형에 처해졌습니다. 그들 또한 역사가 증인이 되어 그들이 옳았음을 입증해 줄 것이라 믿으며 형을 받았습니다.

한스와 조피의 죽음에도 불구하고 많은 뮌헨 대학생들은 남매의 기대와 전혀 다르게 행동했습니다. 어떤 이들은 한스와 조피를 애도하기는커녕 오히려 조롱하듯 사형이 집행된 지 불과 두 시간 만에 나치와 히틀러를 찬양하는 집회를 열고 충성을 맹세했습니다. 집회에 남매를 신고한 수위가 나타나자 뜨겁게 환영하기도 했고 집회의 주최자가 남매의 죽음을 비웃자 박수갈채를 보내기도 했습니다. 그렇게 한스와 조피의 이름은 조롱과 비웃음 속에서 점차 잊혀 갔습니다. 독일 언론도 이런 중대한 사건을 모두 외면하고 어떠한 보도도 하지 않았습니다. 나중에 독일인들이 이 사실을 알게 된 건 오히려 적대국인 영국의 언론 BBC를 통해서였지요.

한스와 조피의 죽음 이후 2년이 지난 1945년, 히틀러와 나치의 본거지인 뮌헨을 비롯해 독일의 여러 도시가 연합군의 집중 폭격을 받았고, 한스와 조피를 비웃었던 뮌헨의 대학생들을 포함해 수백만 명의 독일 국민이 전쟁으로 사망했습니다. 더 이상 전쟁을 수행할 능력을 잃어버린 히틀러는 자살로 생을 마감했고 독일은 1차 대전에 이어 다시 무조건적인 항복을 할 수밖에 없었습니다. 몇 년만 기다리면 모든 것이 끝나리라는 조피의 예언이 들어맞은 것입니다.

하지만 한스와 조피의 말을 기억하고, 뒤늦게나마 후회할 사람들 중에 많은 이들은 이미 이 세상에 존재하지 않았습니다. 비극의 종막이란 이렇게 아무도 즐거워할 수 없는 것이지요. 이러한 결과에 대해서는 어떤 평을 남기기보다, 히틀러와 나치의 몰락을 담은 영화 「다운폴」(2004)에 나왔던, 나치 선전부장 괴벨스의 대사를 옮겨 놓는 것이 이야기의 마무리로 적당할지도 모르겠습니다.

"난 그들을 동정하지 않는다. 우리는 국민들에게 강요하지 않았다. 그들 스스로 우리에게 위임한 것이다. 그리고 그들은 지금 그 대가를 치르고 있는 것뿐이다."

7

희극의 왕

찰리 채플린과 이데올로기의 시대, 20세기 중~후반

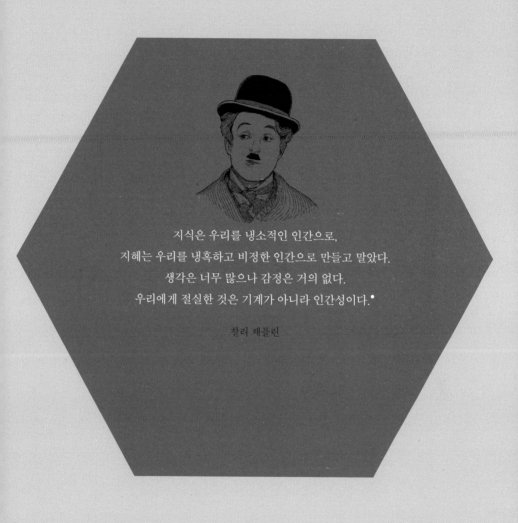

지식은 우리를 냉소적인 인간으로,
지혜는 우리를 냉혹하고 비정한 인간으로 만들고 말았다.
생각은 너무 많으나 감정은 거의 없다.
우리에게 절실한 것은 기계가 아니라 인간성이다.

찰리 채플린

데이비드 로빈슨 『채플린』, 한기찬 옮김, 한길아트 2002, 797면.

전쟁의 잔혹함

한스와 조피, 그리고 이 남매를 비웃었던 사람들까지 포함해 많은 이들의 목숨을 가져가 버린 2차 대전이 1945년에 드디어 종막을 맞이했습니다. 하지만 승자와 패자 누구도 전쟁의 결과에 미소 지을 수는 없었습니다. 2차 대전은 1차 대전에 비해 더욱 어마어마한 피해를 남겼기 때문입니다. 전쟁의 양상이 달라져 2차 대전에서는 전쟁에 직접 참여하지 않은 민간인 희생자가 무려 2,500만 명에 이르렀습니다.

게다가 놀랍도록 발달한 군수 산업은 전쟁 무기의 살상력을 과거의 총과 칼에 비해 극도로 높였습니다. 대표적으로 일본의 히로시마에 떨어진 원자 폭탄은 단 1개로 히로시마에 살던 8만 명을 한 줌의 재로 만들었고, 간신히 살아남은 사람 중 10만 명을 방사능 후유증으로 고통받게 만드는 무시무시한 위력을 보였습니다.

2차 대전 이후 사람들은 이제 전쟁이 벌어지면 지구상 어디도 안전하지 않다는 것을 깨닫게 되었습니다. 과거와는 달리 전쟁의 승자도 패자 못지않게, 심지어 더욱 막대한 피해를 입을 수 있다는 것도 알게 되었습니다. 앞으로 한 번만 더 이런 전쟁이 터진다면 승자와 패자를 나누는 것이 의미가 없으리란 것도 말입니다.

"제3차 세계 대전에 어떤 무기가 쓰일지 나는 모른다. 그러나 제4차 세계 대전에 어떤 무기가 사용될지는 알고 있다. 그것은 돌도끼다."●

물리학자 아인슈타인의 이 말은 유머러스하지만 미래에 벌어질 전쟁의 위험을 날카롭게 간파하고 있지요.

영국과 프랑스는 1차 대전의 피해가 충분히 복구되지 않은 상태에서 또 한 번 전쟁을 치르느라 막대한 피해를 입었습니다. 그래서 2차 대전 이후 더 이상 세계 무대에서 주역을 맡을 수 없게 되었습니다. 르네상스 시대부터 세계사에서 큰 역할을 담당했던 유럽이 이제 주연 배우의 자리를 내놓게 된 것입니다.

동시에 두 차례의 대전을 일으키게 된 궁극적인 원인인 민족주의와 제국주의가 유럽에서 서서히 쇠퇴하게 되었습니다. 자기 민족의 우월성을 강조하며 다른 민족을 억압하고 지배하려는 것이 얼마나 위험한 일인지 깨닫게 된 것이지요.

● 케네스 C. 데이비스, 앞의 책 423면.

사상가들 사이에서는 민족주의의 허상에 대한 연구가 활발해졌습니다. 어떤 학자들은 국가의 영광을 노래하며 전쟁을 통해 식민지를 아무리 늘려 보아도 거기서 이득을 보는 것은 소수의 부자뿐이며 같은 국민이라 하더라도 가난한 노동자는 계속 가난하다는 것에 주목했습니다. 그러면서 국가는 다른 민족이나 국가가 우리의 적이라고 끊임없이 강조하지만, 사실 국민 대다수의 목숨과 생명을 위협하는 진정한 적은 국가를 움직이는 소수의 상류층이라고 생각하는 사람들이 생겨났습니다.

　이런 사고의 전환은 2차 대전 후의 세계 질서가 새로운 방향으로 나아가는 계기로 작동합니다. 사람들 사이에 생기는 갈등의 원인을 민족이나 국가적 차이에서 찾지 않고, 부의 분배 방법에서 찾는 생각은 자본주의와 공산주의라는 정치 경제 체제의 문제로 전환되었습니다. 그리고 이는 또다시 전 세계가 이념에 따라 두 갈래로 나뉘는 계기가 됩니다. 자본주의 국가 미국과 공산주의 국가 소련으로 대표되는 새로운 이념의 시대가 열린 것입니다.

　2차 대전 이후 미국과 소련은 전쟁으로 파탄 난 유럽에 서로의 체제를 전파하기 위해 총성 없는 전쟁을 펼쳤습니다. 양국의 영향력이 미치는 국가들에 지원을 하기 시작했고 점차 유럽을 넘어 전 세계로 지원을 확대해 갔습니다.

　미국과 소련의 사이는 점점 험악해지기 시작했습니다. 그러나 두 나라는 자신의 체제를 양보할 마음도 없었지만 그렇다고 전쟁을 할 생각도 없었습니다. 앞서 말했듯이 제3차 세계 대전은 공멸의 우려가 있었기 때문이지요. 그래서 두 국가와 그들을 따르는 국가들은 총과 대포가 발사되는 뜨거운 전쟁이 아닌, 물밑에서 정치와 외교로 하는 차가운 전쟁, 즉 냉전 상태로 접어들게 되었습니다. 세계는 자본주의와 공산주의 이데올로기 전쟁이라는 새로운 형태의 전쟁을 시작한 것입니다.

만국의 노동자여, 단결하라

공산주의는 18세기 중반 영국에서, 산업 혁명으로 인한 기술의 발달과 함께 처음 등장한 사상입니다. 방적기와 증기 기관으로 대표되는 기술의 발달은 그전까지 가내 수공업 중심이었던 소규모 생산 체계를 공장제 대량 생산 체제로 바꾸어 놓았습니다. 농기계도 크게 발달해 농업 부문에서도 자급자족에 그치는 소규모 자영농의 형태에서, 잉여 수확물을 판매하는 자본제 대농장 경영으로 넘어가게 되었습니다.

이와 함께 공장이나 대농장을 소유한 사람들은 가난해진 노동자들을 고용하면서 더 높은 생산력을 가지게 되고 더 큰 부자가 됩니다. 이런 사람들을 자본가라 합니다. 자본가들은 자본을 투여할 뿐 노동을 하지 않고 노동자들이 생산한 물건을 시장에서 팔아

1975년에 찍은 포츠담 광장의 베를린 장벽 모습.(© Edward Valachovic) 2차 대전이 끝난 후, 독일과 수도 베를린은 미국과 소련을 중심으로 하는 연합국에 의해 분할되었습니다. 분할 통치가 지속되자 소련 지배하의 베를린 구역에 살던 사람들이 연합국 쪽으로 점차 이주했고 체제의 우월성을 자신하지 못한 소련은 경계선에 장벽을 세웠습니다. 그렇게 만들어진 베를린 장벽은 냉전의 상징이 되었습니다.

돈을 법니다. 사람들의 골치를 아프게 하는 문제는 이제부터 시작됩니다. 사람은 대부분 가능한 더 많은 돈을 벌고 싶어 하기 때문입니다. 그럼 돈을 버는 방법을 생각해 봅시다. 현실의 경제 활동은 훨씬 복잡하지만 여기에서는 공산주의를 체계화한 마르크스의 이론을 중심으로 최대한 단순화해 보겠습니다.

물건을 팔아 이윤을 얻는 방법은 간단합니다. 물건을 만드는 데 들어가는 비용, 즉 생산 비용보다 물건을 팔아서 버는 이익, 즉 판매 이익이 많으면 됩니다. 그렇다면 더 많은 이윤을 내는 방법 또한 간단합니다. 제품의 가격을 올리거나 생산 비용을 낮추면 됩니다.

하지만 여기서 문제가 생길 수 있습니다. 만약 제품의 가격을 너무 많이 올려서 판매 이익을 높인다면 사람들이 제품을 사지 않을 위험이 있습니다. 따라서 가격을 함부로 올리는 것은 그리 좋은 방법이 아닙니다. 그렇다면 남은 방법은 생산 비용을 낮추는 것밖에 없습니다. 생산 비용을 낮추는 것은 가격을 올리는 것에 비해 쉬운 일입니다. 제품을 만드는 노동자들의 임금을 깎으면 그만입니다. 따라서 자본가들은 끊임없이 노동자들의 임금을 적게 주기 위해 노력합니다. 여기서 '그럼 노동자들이 일을 하지 않으면 그만 아닌가?' 하는 의문이 들 수 있습니다.

하지만 자본가들이 그런 걱정을 할 필요는 별로 없습니다. 자본주의 체제 아래에서는 노동자들 또한 '상품'이므로 경쟁이 존재하기 때문입니다. 다시 말해 더 낮은 임금으로 일할 노동자들이 언제나 있다는 이야기입니다. 산업 혁명 이후 많은 소상공업자나 자영 농민들이 생산 수단을 잃어버려 자본가 밑에서 일을 하지 않으면 더 이상 먹고살 수 없게 되었습니다. 또한 산업 혁명 초기의 자본가들은 굳이 이들을 쓰지 않아도 상관없었습니다. 성인 남자보다 더 적은 월급을 주고 고용할 수 있는 사람들, 그러니까 여성과 어린 이들도 일을 하려고 대기하고 있었기 때문입니다.

자본가는 더 많은 이윤을 위해 끊임없이 노동자를 '착취'하려 합니다. 그런데 이렇게 계속 임금을 적게 줘도 되는 것일까요? 이론적으로는 괜찮습니다. 자본주의는 자유주의에 기초하고 있으므로 돈을 적게 주는 것도, 많이 주는 것도 자유입니다. 그렇다면 자본가들이 꿈꾸는 세상은 무엇일까요? 역시 이론적으로는 아마 노동자에게 임금을 한 푼도 주지 않아도 되는 세상이겠지요. 그렇게 되면 제품을 판매함으로써 얻는 모든 이익이 자기 것이 될 테니까요. 그래서 최후에는 모든 생산을 노동자가 필요 없는 기계로 대치하게 됩니다.

하지만 정말로 이렇게 되면 더 큰 문제가 발생합니다. 아무리 제품을 생산해 내도 그것을 살 사람이 없어지기 때문입니다. 직장을 잃은 사람들은 더 이상 급여를 받지 못하게 되니 기업의 제품을 구매할 능력이 없어집니다. 물건을 팔지 못한 기업은 재고가 쌓여 신규 채용을 줄이거나 최악의 상황에는 문을 닫게 됩니다. 그럼 점점 더 많은 사람이 실업자가 되고 더 많은 사람이 구매 능력을 상실하며 더 많은 기업이 재고가 누적되어 도산합니다. 경제는 이런 악순환을 반복하게 되지요. 그렇게 모든 노동자가 실직하게 되고, 제품을 만들어도 팔지 못하는 자본가 역시 몰락하게 됩니다. 자본주의는 이렇게 탐욕으로 인해 최후를 맞이하게 된다는 것이 당시 자본주의의 모순을 비판하던 정치 경제학자 카를 마르크스가 내놓은 설명입니다.

자본주의를 추종하는 학자들은 자본주의에서는 개개인의 이익을 아무런 정부의 간섭이나 제약 없이 무한히 추구함으로써 시장의 균형을 이룰 수 있다고 주장합니다. 하지만 마르크스는 위와 같은 논리를 통해 자본주의는 시간이 지날수록 필연적으로 몰락할 수밖에 없으며, 그 과정에서 국민의 대다수를 차지하는 노동자들은 고통을 겪을 수밖에 없다고 설명합니다.

이런 논리를 바탕으로 마르크스는 노동자들의 진정한 적은 다른 국가나 민족이 아니라, 사회의 상류층을 차지하는 자본가들이라고 주장했습니다. 그러므로 전 세계의 노동자들이 국적이나 민족에 상관없이 서로 단결하여 진정한 적인 자본가들을 타파하고 그들이 독점한 생산 수단을 공유해야 한다는 것입니다.

공산주의라고 불리는 마르크스의 이러한 주장은 19세기 말에 『자본론』이라는 책을 통해 세상에 나오면서 유럽 사회 내부에서 격렬한 논쟁을 일으켰고, 순식간에 많은 추종자들을 만들어 냈습니다. 이미 산업 혁명의 본거지 영국에서는 노동자의 일자리를 줄이는 방직기를 파괴해야 한다는 기계 파괴 운동인 러다이트 운동이 있었을 정도로 갈등이 많았기 때문에 마르크스의 주장은 설득력이 있었습니다. 게다가 대공황이 전 세계의 경제를 위기에 몰아

넣을 때 대공황의 원인 또한 마르크스의 이론에 따라 일정 부분 설명할 수 있었기 때문에 많은 사람들이 공산주의에 매료되었습니다.

하지만 마르크스의 이론은 이미 자본주의 경제 체제를 갖춘 사회가 전적으로 수용하기에는 무리한 부분이 많았습니다. 그 때문에 미국 같은 자본주의 사회에서는 마르크스의 이론을 전면적으로 받아들이는 대신, 그가 지적한 단점을 적절히 수정해 가는 방법을 택했습니다. 개인의 경제 활동에 무제한의 자유를 허용함으로써 빈부 격차를 심화시켰던 이전까지의 자본주의를 지양하고, 경제 활동에 정부의 개입을 허용하는 수정 자본주의가 바로 그것입니다.

그런데 마르크스의 이론을 전면적으로 받아들여 공산주의 혁명에 성공한 나라가 있습니다. 조금 전에 살폈던, 전제 군주 차르의 지배 아래에 있던 러시아가 바로 그 주인공입니다. 러시아의 마지막 차르인 니콜라이 2세가 죽은 후 혁명 세력인 적군과 반혁명 세력인 백군이 내전을 벌였고 공산주의자인 레닌이 이끄는 적군이 승리하면서 공산주의 혁명에 성공한 것입니다. 그 후 러시아는 소비에트 사회주의 공화국 연방, 즉 소련으로 국명을 바꾸었고, 2차 대전에 참전해 승전국의 지위를 확보한 후 세계 각지에 공산주의 경제 체제를 보급하는 전진 기지가 되었습니다. 그러면서 자본주의 경제를 지지하는 미국과 대립하게 되었습니다.

자유의 나라

미국은 소련과 달리 국가의 탄생 때부터 철지하게 자유를 추구한 나라였습니다. 애초에 아메리카 대륙에 최초로 온 유럽 이주민들이, 성공회를 창설한 영국 왕 헨리 8세에 맞서 종교의 자유를 지키기 위해 망망한 대서양을 건넌 사람들이었기 때문입니다.

하지만 건너온 뒤로도 이주민들은 끊임없이 모국인 영국의 간섭과 압박을 받았습니다. 오스트리아의 왕위 계승을 둘러싸고 영국과 프랑스를 중심으로 벌어진 7년 전쟁으로 영국의 재정이 위기에 처하자 영국 정부가 아메리카 식민지에 가혹한 조세 정책을 시행했던 것이 대표적인 사례입니다. 1765년 당시 영국 정부는 식민지에 유통되는 모든 종이에 반드시 3페니 상당의 인지를 붙여야 한다는 인지 조례를 통과시켰습니다.

이런 조세 정책에 대해 식민지 사람들의 반발이 거세지자 영국은 한발 물러서서 인지 조례를 폐지합니다. 이후에도 영국은 이런저런 명목으로 다양한 세금을 매겼다가 반발이 심해지면 없앴습니다.

하지만 홍차에 붙은 세금만은 폐지하지 않았습니다. 이런 정책에 불만을 품은 이주민들은 아메리카 원주민으로 위장하고 보스턴의 항구에 도착한 영국 홍차를 모두 바다에 빠뜨리는, 이른바 보스턴 차 사건을 일으켰습니다. 이 사건으로 인해 영국과 식민지 간의 갈등이 점차 고조되었고 마침내 1775년 북아메리카의 13개 주가 연합해 독립 전쟁에 나서게 됩니다.

조지 워싱턴과 벤저민 프랭클린을 비롯한 미국 '건국의 아버지' 들의 활약 또한 이때 시작됩니다. 식민지 총사령관의 지위에 오른 워싱턴은 대륙군을 이끌며 영국군과 직접 전투를 벌였고, 프랭클린은 유럽으로 건너가 당시 프랑스 왕이었던 루이 16세에게 독립 전쟁을 도와 달라고 요청했습니다.

흥미로운 것은 독립 전쟁이 시작되기 전에 식민지 사람들은 모국인 영국을 도와 프랑스와 전쟁을 벌였다는 것입니다. 하지만 1차 대전 당시 영국과 프랑스가 동맹을 맺은 삼국 협상에서 보듯 국가 사이에는 영원한 적도, 친구도 없습니다. 해외에서 영국의 활약이 눈에 거슬리던 프랑스는 식민지를 도와 참전했고, 이는 독립 전쟁을 승리로 이끄는 주요한 동력이 됩니다. 지루한 소모전 끝에 마침내 영국은 북아메리카 땅에서 손을 떼었고 아메리카 대륙의 식민지인들은 원하던 독립을 이루게 되었습니다.

독립 후 13개 주의 대표들은 앞으로 세울 정치 체제에 대해 논의했습니다. 논의의 주제는 크게 두 가지였습니다. 한 가지는 각 주들이 계속 독립적으로 있을 것인지 아니면 하나의 나라로 뭉칠 것인지 여부였습니다. 이제 막 영국의 압제에서 독립한 사람들에게 각 주의 자유를 억압할 수도 있는 강력한 중앙 정부는 두려움의 대상이었습니다. 그렇다고 해서 뿔뿔이 흩어져 있으면 외부의 강력한 적에 대응하기가 쉽지 않은 것도 사실이지요. 이 때문에 각

주의 대표들은 서로를 간섭하지 않으면서도, 커다란 위기의 순간에는 힘을 합치는, 느슨한 국가 연합의 형태를 택했습니다. 하지만 그 후 모든 주 전체가 공동으로 대응해야 할 일들이 생기면서, 연방 정부가 각각의 주에 개입할 수 있게 하는 공동의 헌법을 만들게 되었고 국가 연합보다 조금 더 강력한 형태의 국가 결합인 연방 국가 형태로 전환했습니다. 지금 우리가 아는 형태의 미국, 즉 아메리카 합중국이 탄생한 것입니다.

나머지 한 가지 논의 주제는 연방 국가의 지배 체제를 왕이 다스리는 왕정으로 할 것인가 아니면 왕이 없는 공화국으로 할 것인가의 문제였습니다. 이 논의는 앞선 연방 국가 논의에 비해 매우 간단하게 결론지어졌습니다. 왕의 후보에 올랐던 독립 전쟁의 영웅 조지 워싱턴이 자유를 중시하는 미국의 정신을 유지하기 위해 왕이 없는 나라, 공화국으로 갈 것을 천명합니다. 그와 함께 워싱턴은 미국의 초대 대통령이자 세계 최초 대통령의 자리에 오르게 됩니다.

영국으로부터 독립한 자유의 나라 미국은 점차 국력을 키워 나갔습니다. 하지만 영국을 비롯한 유럽의 강대국들은 한때 식민지로 삼았던 아메리카 대륙에 미련을 버리지 못했습니다. 미국의 존재에도 불구하고 계속해서 아메리카 대륙에 관심을 보였습니다.

이런 상황을 용납할 수 없었던 미국 5대 대통령 제임스 먼로는, 더 이상 유럽이 아메리카 대륙에 접근하는 것을 허락하지 않겠다는, 이른바 '먼로 선언'을 내세웠습니다. 누구도 미국이 누리는 자유에 영향력을 행사하지 못하도록 하겠다는 미국인들의 결의가 담긴 선언입니다. 이 선언 후 유럽과 미국은 서로 간섭하지 않는다는 초기 미국 외교의 기본 원칙을 만들게 됩니다. 자국의 이익에 관여된 것이 아니라면 다른 나라 일에 개입하지 않겠다는 고립주의는 이후로도 미국 외교 정책의 기본 토대가 됩니다. 미국이 1차 대전과 2차 대전에 뒤늦게 참전한 이유도 이 먼로 선언이 있었기 때문입니다.

하지만 미국의 운명을 송두리째 바꿔 놓은 것은 외부의 간섭이 아닌 내부의 문제였습니다. 노예 제도를 둘러싸고 미국 남부와 북부가 대결한 것입니다. 노예 제도는 오래된 것이기는 하지만 인간과 시민의 권리 의식이 높아지면서 19세기 중반의 유럽에서는 거의 폐지된 제도였습니다. 그러나 미국 남부 지역에는 그때까지도 비인간적인 노예 제도가 남아 있었습니다.

당시 미국의 남부 지역은 산업화가 덜 진행되어 유럽 이민자도 적을뿐더러, 목화 농사와 같이 노예를 통한 노동 집약적인 산업이 생산의 주를 이루고 있었습니다. 그래서 노예 제도를 폐지하면 남부 지역의 산업 구조가 한순간에 무너질 위험이 있었습니다. 하지만 북부 사람들은 명색이 자유를 중시하는 미국이라는 나라가 노예 제도를 유지한다는 것을 수치스러워했습니다. 물론 겉으로 말하지 않은 이유도 있긴 했습니다. 북부 지역은 공업이 발달해서 많은 노동력이 필요했는데 노예 제도가 폐지되면 노예에서 해방된 값싼 흑인 노동력을 쓸 수 있다는 계산이 깔려 있었지요.

그런 와중에 1861년에 노예제 폐지를 공약으로 내세운 공화당의 에이브러햄 링컨이 대통령에 당선되었습니다. 그러자 남부 사람들은 불만을 품고 링컨의 대통령 취임 전에 연방을 탈퇴하고는 남부 연맹을 창설했습니다. 이로써 미국은 남부 연맹과, 링컨이 이끄는 미합중국이 서로의 운명을 걸고 겨루는 내전 상태로 접어들었습니다.

치열한 전투 끝에 결국 전쟁은 북부의 승리로 끝났고 미국에서 노예 제도는 철폐되었습니다. 미국은 자유의 나라라는 호칭에 걸맞게 거듭난 것입니다. 하지만 노예 제도 폐지 후에도 적지 않은 미국인들의 마음속엔 흑인에 대한 차별 의식이 남아 있었습니다. 이것은 후에 인종에 관한 여러 가지 문제들을 발생시키며 미국의 고질병으로 남게 됩니다.

그렇게 내부 단속을 끝낸 미국은 서구인들의 발길이 닿지 않은 대륙의 서부로 눈길을 돌렸습니다. 서부 지역은 아메리카 원주민들이 계속 터를 잡고 있는 곳이었습니다. 하지만 미국인들은 자신들에게 아메리카 대륙 전체에 민주주의와 자유의 정신을 퍼트려야 할 '명백한 운명'이 있다는 것을 모토로 하여 서부로 향했습니다. 이는 제국주의 지배자들이 침략을 합리화하기 위해 내세운 이론과 비슷합니다. 백인이 유색 인종을 계몽할 의무가 있다는 '백

「와그너 요새로 돌진」, 커즈와 앨리슨 작, 1890년. 남북 전쟁에서 북군의 승리 원인은 백인으로만 구성된 남군에 비해 백인과 흑인이 함께 구성된 북군의 모습에서도 찾아볼 수 있을 것입니다. 남북 전쟁을 통해 미국은 각각의 독립된 정부들의 연합체가 아니라 단일한 의지를 가진 통일된 국가라는 것을 다시 한 번 확인하게 되었습니다.

인의 짐'의 논리도 같은 맥락에 있습니다.

그들의 논리야 어떻든 간에 원주민들은 '침략자'임이 분명한 미국인들에 대항해 용감하게 싸웠지만 신무기로 무장한 상대를 당해 낼 수는 없었습니다. 미국인들은 엄청난 수의 아메리카 원주민들을 학살하며 서부를 개척했습니다.

서부 개발이 활발해지면서 더욱 많은 노동력이 필요하게 되어 미국은 세계 각지에서 이민자들을 받아들이기 시작합니다. 그러면서 수많은 인종과 민족들이 함께 살아가는 다인종, 다문화 사회로 접어들게 되었습니다.

이와 함께 전구를 발명한 에디슨, 비행기를 발명한 라이트 형제, 컨베이어를 이용한 대량 생산 시스템을 개발한 '자동차왕' 포드 등 혁신적인 발명가와 기업가들이 등장하면서 미국은 최고의 산업 국가로 발돋움하게 됩니다. 어느새 강대국의 반열에 올라선 미국은 점차 라틴 아메리카 지역까지 손을 뻗치며 아메리카 대륙 전체의 패권을 잡으려고 시도했습니다. 하지만 유럽에 대해서는 여전히 먼로 선언대로 불간섭주의를 유지하고 있었습니다.

그리고 마침내 1차 대전을 통해 미국이라는 떠오르는 강대국이 세계에 그 위용을 나타냈습니다. 1차 대전은 미국의 산업 발달을 촉진하고 부를 축적하는 계기였습니다. 전쟁 초기에 미국은 어느 편도 들지 않으며 양쪽에 무기와 물자를 팔았기 때문입니다. 그러나 독일의 무제한 잠수함 작전으로 미국의 여객선이 침몰하자 미국은 유럽에 대한 불간섭주의를 폐기하며 전쟁에 뛰어들었습니다. 그동안 충실하게 국력을 쌓아 온 미국의 참전은 전쟁의 향방을 순식간에 결정했습니다.

1차 대전의 종결과 함께 미국은 누구나 인정하는 세계 초강대국이 되었습니다. 하지만 그런 미국에도 문제는 있었습니다. 산업이 급격하게 발달하면서 사람들 사이에 빈부 격차가 커진 것입니다.

노동 환경도 가혹해서 많은 노동자들이 곳곳에서 시위를 일으키기도 했습니다. 그때는 미국에도 마르크스의 주장을 따르는 사람들이 점차 증가하는 상황이었습니다. 때마침 일어난 혁명으로 공산주의 국가 소련이 탄생하자 미국은 공산주의에 대한 두려움이 생길 수밖에 없었습니다.

그런 두려움은 2차 대전이 끝난 후 더욱 커졌습니다. 미국과 소련으로 대표되는 두 진영이 대립하는 동안 소련의 영향권에 있던 국가들이 속속 공산화되었기 때문입니다. 특히 압도적으로 우세한 상황에 있던 중국의 국민당이 마오쩌둥의 홍군에 패배하면서 중국이 공산 국가가 된 것은 미국을 충격에 빠뜨렸습니다.

미국은 공산주의가 자신들이 누리는 자유를 제한할 수도 있다는 생각에 두려워했고, 온 힘을 다해 다른 국가들이 공산화되는 것을 막으려 했습니다. 그런 노력의 일환으로 생겨난 것이 바로 북대서양조약 기구입니다. 소련도 이에 질세라 바르샤바 조약 기구를 만들어 대항했습니다. 두 기구는 초반에는 각 진영을 군사적으로 방위하는 군사 동맹의 성격이 강했지만 점차 경제 협력을 포함하여 소속 국가 간에 다양한 교류를 하는 기구로 그 역할이 확대되었습니다.

이렇게 미국과 소련 사이의 긴장은 시간이 갈수록 점점 높아졌습니다. 미국 사회를 온통 반공산주의에 대한 광기로 몰아넣은 매카시즘이 나타나고 위대한 코미디언 찰리 채플린의 사실상 추방 사건이 일어난 것도 바로 이 시기입니다.

채플린 전성시대

찰리 채플린은 영국의 빈민 마을에서 가수인 아버지와 연극배우인 어머니 사이에서 태어났습니다. 채플린의 어머니는 관찰력이 매우 뛰어난 사람이었습니다. 창가를 내다보며 창밖에서 벌어지는 여러 상황들을 어린 채플린에게 표정과 손짓으로 설명하는 것을 즐겼다고 합니다. 후일 채플린의 특기가 된 팬터마임 능력은 이때부터 길러진 것이지요. 하지만 채플린의 어린 시절은 그렇게 행복한 것만은 아니었습니다. 어머니가 정신 병원에 입원하기도 했고 아버지와 떨어져 홀로 지내야 하기도 했습니다.

부모님의 끼를 물려받아서인지 채플린의 재능은 어린 시절부터 두드러졌습니다. 불과 열 살 때 런던의 한 극단에 캐스팅되기도 했지요. 당시 채플린을 섭외한 극단 단장은 채플린을 처음 본 순간 '저 애는 타고난 배우로군.' 하는 생각이 들었다고 합니다. 채플린은 어린 시절을 극단에서 보내며 배우로서 능력을 키워 갔습니다. 그러던 중 채플린은 미국으로 순회공연을 떠났다가 미국에서 그의 연기를 눈여겨본 영화사의 제안을 받아들여 영화배우로 계약하게 됩니다. 그리고 나중에 제2의 고향이 될 미국에 정착합니다.

하지만 채플린의 첫 영화 「생활비 벌기」(1914)는 흥행에 실패하고 말았습니다. 당시 평론가들은 채플린이 코미디 배우를 하기에는 너무 잘생겨서 관객의 호응을 이끌어 내기 어려웠다고 분석하기도 했습니다. 정확한 이유가 무엇이든 영화의 실패로 채플린은 해고의 두려움을 느꼈습니다. 채플린은 일자리를 지키기 위해 노력했는데, 지금까지 채플린 하면 떠오르는 모습이 그 결과물입니다.

머리에 간신히 얹은 작은 중산모와 사각으로 짧게 다듬은 콧수염, 너무 작아 꽉 끼는 상의와 그와 반대로 통이 넓은 바지에 지팡이를 든 떠돌이 캐릭터는, 소심한 현대인의 모습과 겹치면서 사람들에게 큰 인기를 얻었습니다. 이후 채플린은 직접 제작도 하고 연기도 한 「키드」, 「황금광 시대」, 「시티 라이트」 같은 히트작을 쏟아냈습니다. 말 그대로 미국에 채플린 전성시대가 열린 것입니다.

채플린에게 위험이 닥친 것도 그 무렵입니다. 그가 제작한 영화 「모던 타임스」와 「위대한 독재자」가 원인이었지요. 모든 것이 자동화된 기계 사회에서, 벨트 컨베이어에 서서 하루 종일 똑같은 부품을 조립하느라 잠시도 쉬지 못하고 끊임없이 일하는 노동자의 모습을 그린 「모던 타임스」는 당시 미국 자본주의의 상징과 같았던 포드주의를 비판하는 것으로 비쳤습니다. 그리고 이는 채플린이 자본주의 그 자체에 반대한다는 오해를 낳았습니다. 또한 히틀러를 풍자한 「위대한 독재자」는 2차 대전이 진행되는 동안 히틀러를 자극하지 않으려는 미국 정부의 심기를 불편하게 했습니다. 채플린은 어느새 최고의 인기 코미디언에서 미국 정부의 감시를 받는 요주의 인물이 되었습니다.

하지만 채플린은 굴하지 않았습니다. 일본이 진주만을 습격하고 미국의 참전이 결정될 무렵 채플린에게 2차 대전에 관한 연설을 해 달라는 요청이 들어왔습니다. 소련은 미국의 동맹국이기는 했지만 미국 사회는 공산주의에 대한 두려움으로 가득 차 있을 때였습니다. 미국에 있는 누구라도 소련에 대한 언급을 자제하는 상황이었지요. 그런 상황에서 채플린은 청중들에게 이러한 연설을 들려주게 됩니다.

"저는 공산주의자가 아닙니다. 저는 인간입니다. 그리고 저는 인간에 대한 감정을 알고 있다고 자부합니다. 공산주의자들이라고 해서 다른 사람과 다를 바가 없습니다. 팔 하나, 다리 하나를 잃으면 그들 역시 우리 모두와 마찬가지로 고통을 겪을 것이며, 우리 모두가 죽는 것처럼 그들 역시 죽는 것입니다."[•]

공산주의자 역시 똑같은 인간임을 강조하는 채플린의 연설은 청중들에게 큰 감명을 주었지만 한편으로는 채플린이 공산주의자라는 소문을 더욱 커지게 만들었습니다.

2차 대전이 끝나자, 미국과 소련은 동맹 국가에서 서로의 지위를 위협하는 적대 세력이 되었습니다. 공산주의에 대한 미국의 두려움은 더욱 깊어졌으며, 채플린에 대한 오해 또한 점점 커져 갔습니다. 그러던 중 영화인들의 본산인 할리우드에 '공산주의자 사냥'

• 데이비드 로빈슨, 앞의 책 816면.

1936년에 나온 영화 「모던 타임스」의 한 장면. 포드주의는 자동차왕 헨리 포드
의 이름에서 유래한 것으로 기계화된 생산 과정 속에서 노동자가 단순한 작업만 반
복함으로써 대량 생산을 하는 방식을 말합니다. 「모던 타임스」는 포드주의를 비판
한 작품으로 해석되었습니다.

의 광풍이 밀어닥쳤습니다.

할리우드에서 공산주의자를 색출하기 위해 꾸려진 반미 활동 조사 위원회는 영화인들을 소환해 이런 질문을 던집니다.

"당신은 공산주의자를 현재 알거나 또는 과거에 알고 지낸 적이 있는가?"*

매우 간단해 보이는 이 질문은 사실 무시무시한 속내를 감추고 있습니다. 질문을 받은 사람이 공산주의자를 알고 지낸 적이 없다고 대답하면, 그와 관계된 공산주의자를 찾아낸 다음 왜 거짓말을 했느냐며 그 사람까지 공산주의자로 몰아갔습니다. 이와 반대로 공산주의자를 알고 있다고 대답하면 그 공산주의자를 직접 고발하라고 강요했습니다. 어떻게 대답하든 양심의 자유를 침해하는 질문이었던 겁니다.

반미 활동 조사 위원회의 질문에 영화인들의 반응은 두 가지로 나뉘었습니다. 한 부류는 위원회에 우호적인 증인으로서 동료 영화인들을 공산주의자라고 고발한 사람들입니다. 이들 중 대표적인 인물이 만화 영화의 거장인 월트 디즈니와, 「에덴의 동쪽」과 「욕망이라는 이름의 전차」라는 걸작 영화를 남긴 엘리아 카잔입니다. 후일 미국 대통령이 되는 로널드 레이건 또한 위원회의 편이었지요. 이들의 증언으로 인해 어제까지만 해도 함께 어울리던 많

---

* 최민영 「1947년 공산주의 겨냥 '할리우드 텐' 사건」, 『경향신문』 2010. 11. 24.

은 영화계 동료들이 감옥에 가거나 할리우드에서 일자리를 잃었지요.

하지만 위원회의 증언 요구를 끝까지 거부한 사람들도 있었습니다. 모두 11명이었는데, 이들은 "의회는 종교를 만들거나, 자유로운 종교 활동을 금지하거나, 발언의 자유를 저해하거나, 출판의 자유, 평화로운 집회의 권리, 그리고 정부에 탄원할 수 있는 권리를 제한하는 어떠한 법률도 만들 수 없다."라는 미국 수정 헌법 제1조를 근거로 들어 거부했습니다. 그중 1명인 극작가 베르톨트 브레히트는 프랑스로 망명을 떠났지만 남은 10명은 증언을 거부했다는 이유로 의회 모독죄를 선고받아 수감 생활을 해야 했습니다. 동시에 이들에게는 '할리우드 10인'이라는 꼬리표가 남았고 그 후 영화 활동에 심각한 제약을 받았습니다. 위원회에 우호적인 이들이 동료를 배반하고 출세 가도를 달린 것과는 정반대였지요.

채플린 또한 위원회에 불려 갈 예정이었지만 어쩐 일인지 소환장이 발부되지 않았습니다. 하지만 반미 활동 조사 위원회의 위원들은 이미 채플린의 국외 추방을 추진하고 있었고 방송국 뉴스에서도 계속해서 채플린의 사상을 추궁함으로써 채플린을 압박했습니다.

그러나 채플린은 개의치 않았습니다. 오히려 동료 예술가 한스 아이슬러가 공산주의자로 몰려 추방 위기에 처하자, 스페인의 유명한 화가이자 공산주의자인 파블로 피카소에게 편지를 보내 아이슬러의 구명 운동을 요청했지요. 자신 또한 공산주의자로 몰려 언제 추방될지 모르는 상황에서 매우 용감한 행동이었던 것은 분명합니다. 하지만 채플린에 대한 미국의 여론을 악화시키기에도 더할 나위 없이 적절한 행동이었습니다. 채플린을 향한 비난과 추방 압력은 더욱 거세졌으며, 채플린의 혼인 관계에 관련된 여러 소송에서도 채플린에게 불리한 판결이 계속 내려졌습니다.

매카시즘

이처럼 채플린의 입지가 흔들리던 무렵 채플린을 결정적으로 위협하는 사건이 벌어졌습니다. 사건의 시작은 단순했습니다. 조지프 매카시라는 상원 의원이 공화당 당원 대회에서 이상한 서류를 손에 들고 큰 소리로 외쳤습니다.

"지금 여기, 내 손에! 공산당원 205명의 명단이 있습니다. 이들은 공산당원임에도 불구하고 지금도 국무성에서 미국의 정책을 만드는 일을 하고 있습니다."

계속되는 공산주의의 확산에 히스테리에 가까운 두려움을 가지고 있던 미국 사회는 당연히 큰 충격을 받았습니다. 모든 언론은 매카시에 집중했고 매카시는 일약 미국 사회의 핵심 인물로 떠올랐습니다. 하지만 그 서류의 사실 여부에는 아무도 신경 쓰지 않았지요. 중요한 것은 명단이 진짜냐 아니냐가 아니라 공산주의자가 미국 내에 있다는 의혹이었고 그것은 미국인들에게 심각한 공포로 다가왔습니다.

매카시는 미국의 필사적인 노력에도 불구하고 많은 국가들이 소련의 영향을 받아 공산화되는 것은 '미국 내에 있는 공산주의자들 탓'이라고 주장했습니다. 이런 주장은 그들만 솎아 내면 다시 미국이 안전해질 것이라는 상상을 자극했고 미국인들은 매카시에게 열광할 수밖에 없었습니다.

대중과 언론이 주목하자 매카시는 의기양양하게 계속해서 새로운 서류를 들고 나와 서류의 명단에 올라간 사람들이 바로 국무성에서 일했던 공산주의자들이라고 외쳤습니다. 사실 그 서류는 3년 전에 국무성에서 여러 다른 이유로 근무에 적합하지 않다고 해고한 사람들의 명단에 지나지 않았습니다. 하지만 매카시는 교묘하게 문장을 왜곡하며 그들이 공산주의자라서 해고된 것처럼 발표했지요. 반공을 무기로 매카시는 뇌물 수수와 음주 추태로 정치 생명이 위기에 처한 상원 의원에서, 순식간에 공산주의자로부터 미국을 구할 영웅이 되었습니다.

매카시 때문에 미국에서는 자신은 공산주의자가 아니라고 선언하거나 말조심을 하는 풍조가 생겨났습니다. 자칫 말실수라도 한다면 누군가 자기를 공산주의자로 몰아 신고해 버릴지도 모르니까요. 미국 사회는 매카시가 일으킨 광풍 아래서 서로서로 감시하는 살벌한 사회가 되었고 수많은 사람들이 희생되었습니다. 전기 기술자 로젠버그 부부는 소련의 스파이라는 누명을 쓰고 법정에서 사형당하기도 했습니다. 매카시즘의 대표적인 희생자였지요.

매카시즘의 광풍이 휘몰아치는 중에 채플린은 영화 홍보를 위해 배를 타고 영국에 건너가게 되었습니다. 그러자 미국 법무부는 채플린의 귀국을 허가하지 않는다는 성명서를 발표합니다. 오래전부터 계획되어 있던 일이지만 채플린이 출국할 때까지 기다렸다는 설명과 함께였습니다. 강제 추방이 아니라 귀국 불허용이라는, 조금은 부드러운 어감의 처분을 받은 것은 어쩌면 오랫동안 미국을 웃겨 주었던 코미디의 왕에게 마지막으로 전하는, 잔인하지만 인정이 담긴 선물이었는지도 모르겠습니다.

채플린은 40여 년의 세월을 보낸 미국에 크게 실망했습니다. 자유의 정신이 넘치는 나라라고 생각했던 미국이 사실은 자유를 억압하고 있는 것에 대해 말이지요. 잔혹한 유럽 대륙의 독재자를 풍자하고 비판하던 채플린은 이제 미국을 휘감고 있는 매카시즘에 대해 비판했습니다. 그렇게 만든 마지막 주연 영화가 바로 「뉴욕의 왕」입니다. 하지만 영화는 미국에서 상영되지 않았고, 채플린은 할리우드 스타의 거리에 새겨진 자신의 이름이 삭제되는 수모를 겪게 됩니다. 그렇게 채플린은 미국에서 잊혀 갔습니다.

이 모든 일의 발단이었던 매카시에 대한 최초의 저항은 군부에서 나왔습니다. 군부가 아무런 근거 없이 자신들을 공산주의자라고 모함하는 매카시에게 반박을 시작한 것입니다. 이는 매카시 열풍에 큰 역할을 했던 언론들이 스스로 돌아보는 계기가 되었습니다. 언론들은 정확한 사실을 확인하지도 않고 매카시의 일방적인 주장을 계속해서 확대 재생산하지 않았나 하고 반성했습니다. 매카시로 시작된 미친바람이 마침내 서서히 잦아들었습니다.

결정적인 파국은 미국 전역에 생중계된 육군 청문회에서 발생했습니다. 육군에 공산주의자들이 득실거린다는 매카시의 주장을 육군의 젊은 변호사가 침착하게 방어하자, 매카시는 마치 술에 취한 사람처럼 횡설수설하며 별다른 증거를 대지 못한 것입니다. 그 모습을 지켜보던 대다수의 미국인들은 자신들이 지금껏 무슨 일을 해 왔는지 깨달았습니다. 거기다 개인적인 비리까지 폭로되면서 매카시는 완전히 몰락했지요. 그 후 몇 년을 버티지 못하고 세상을 떠났지만 매카시의 이름은 지금까지도 당시의 추악한 미국의 모습을 비춰 주는 거울로 남았습니다.

왕의 귀환

시간이 흐르면서 미국인들은 과거의 일에 대해 반성하기 시작했습니다. 그런 사람들의 눈에 다시 들어온 것이 바로 채플린입니다. 과거에 채플린을 쫓아내는 데 앞장섰던 할리우드는 채플린에게

경의를 표하며 아카데미 공로상을 수여하기로 결정합니다. 스타의 거리에도 채플린의 이름이 다시 새겨졌지요.

마침내 1972년 아카데미 상 시상식 당일, 할리우드의 세계적인 스타와 감독들이 모두 모인 자리에 어느새 여든 살을 훌쩍 넘긴 찰리 채플린이 입장했습니다. 자리를 채운 모든 사람은 기립 박수로 오래도록 떠나 있었던 '왕'의 귀환을 환영했습니다. 박수에는 채플린이 영화계에서 이룬 업적과 함께 그가 보여 주었던 용기와, 그가 지키고자 했던 자유에 대한 찬사가 담겨 있었지요. 기대하지 않았던 동료 영화인들의 환호와 환대에 채플린은 눈물을 글썽거렸습니다.

그의 수상 소감이 끝나고 후배 배우인 잭 레먼이 채플린의 상징이 된 중산모와 지팡이를 가져다주었습니다. 후배의 배려에 감격하여 울먹이던 채플린은 모자를 쓰려 하다가 과장된 포즈와 함께 모자를 바닥에 떨어뜨리며 장내를 메운 스타들의 폭소를 이끌어 냈습니다. 가슴속에 차오르는 벅찬 감정 속에서도 80대의 배우는 여전히 사람들을 웃기고 싶었던 것입니다. 찰리 채플린은 언제 어디서나 위대한 희극의 왕이었습니다.

마지막으로 한 가지 덧붙일 이야기가 있습니다. 채플린과 대조적으로 살아온 엘리아 카잔의 이야기입니다. 반미 활동 조사 위원회에서 동료들을 고발한 엘리아 카잔 또한 채플린처럼 1999년 제71회 아카데미 영화제에서 공로상을 수상했습니다. 하지만 그의 수상식 풍경은 채플린과 전혀 달랐습니다. 영화계에 남긴 그의 많은 업적에도 불구하고 자리에 참석한 배우와 감독 중 절반은 자리에서 일어나지도, 박수를 치지도 않고 경멸의 눈초리로 카잔을 바라보고만 있었습니다.

8

어느 완전한 인간의 죽음

체 게바라와 제3세계의 형성, 20세기 중반

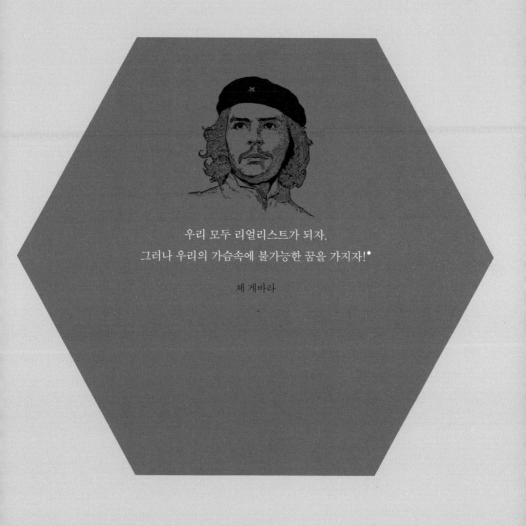

우리 모두 리얼리스트가 되자.
그러나 우리의 가슴속에 불가능한 꿈을 가지자!●

체 게바라

● 장 코르미에 『체 게바라 평전』, 김미선 옮김, 실천문학사 2005, 715면.

새로운 나라

인류에 너무나 큰 상처를 안긴 2차 대전은 기존의 세계 질서를 완전히 바꿔 버린 채 끝이 났습니다. 자민족의 번영을 추구하며 타민족을 침략하던 제국주의 강대국들이 역사의 무대에서 한 걸음 뒤로 물러났습니다. 2차 대전 이후에는 패전국인 독일과 이탈리아, 일본은 물론 승전국인 미국, 영국과 프랑스마저도 식민지를 강압적으로 지배하기 어려운 분위기가 되었습니다. 끔찍한 비극임에도 불구하고 1차 대전이나 2차 대전 같은 잔혹한 전쟁이 어째서 연이어 벌어졌는가에 대해 합리적인 해명을 찾는 과정에서 그런 분위기가 형성된 것입니다. 만일 그 이유를 찾지 못한다면 언제든지 인류는 다시 한 번 서로를 멸절하기 위해 총을 들지도 모르는 일입니다.

미국을 비롯한 승전국 쪽이 내세운 전쟁의 원인은 전쟁 당사자인 독일과 일본, 이탈리아 같은 국가들이 제대로 된 민주주의를 행하지 못하고 국가를 위해 개인을 희생하는 전체주의, 다시 말해 파시즘에 휩싸였기 때문이라는 것이었습니다. 국가를 구성하는 개개의 국민이 자기 의사를 자유롭게 펼치지 못하는 상황이 국가의 건전한 판단을 방해했다고 생각한 것이지요.

전체주의 국가들의 국가적 오판은 자국뿐 아니라 다른 국가들에까지 위험을 불러일으키기 때문에 국가는 민주주의 원칙에 따라 운영되어야 한다는 것이 승전국들의 주장이었습니다. 그래서 승전국들은 패전 이후 독일과 일본, 이탈리아에 민주적인 정부가 들어서도록 조치를 취했습니다.

이런 논리는 당연하게도 패전국들이 가진 식민지에도 통용되었습니다. 한 민족이 다른 민족을 강제로 지배하는 식민 지배는 그 자체로 비민주적이니까요. 패전국의 식민지들은 하나둘 독립해 자신만의 정부를 꾸리기 시작했습니다.

문제는 승전국이었습니다. 그들의 논리대로라면 승전국들도 식민지 운영이라는 비민주적인 행태를 해 온 것은 마찬가지입니다. 하지만 남의 것은 주기 쉬워도 자기 것은 주기 싫은 게 사람의 마음입니다. 승전국들은 이러지도 저러지도 못하는 실정이었습니다.

게다가 미국 대통령 윌슨이 주창한 민족 자결주의 사상이 발달하면서 여러 식민지 내부에서 자기 운명은 자기 스스로 결정해야 한다는 생각이 퍼져 갔습니다. 독립을 원하는 목소리도 높아졌지

프랭크 쿠츠가 그린 미국 대통령 토머스 우드로 윌슨의 초상, 1913년. 미국 28대 대통령 윌슨은 '각 민족 스스로 자신들의 운명을 결정한다.'라는 민족 자결주의 원칙을 천명하고, 각 나라가 대화를 통해 각종 문제를 해결하는 기구인 국제 연맹의 창설을 주도했습니다.

요. 이런 상황은 점차 식민지 내부에서 조직적인 독립운동의 모습으로 나타났습니다. 과거 같으면 강경하게 진압했을 터이지만 두 차례의 세계 대전 이후 조심스러워진 강대국들은 어쩔 수 없이 독립을 허용하게 됩니다.

인도와, 가이아나를 비롯한 아프리카의 영국 식민지들이 차례로 독자적인 정부를 세우기 시작했습니다. 튀니지를 비롯한 프랑스 식민지들의 독립 또한 잇따랐지요. 그 과정에서 알제리 독립 전쟁과 같은 끔찍한 전쟁이 발생하기도 했지만 식민지들이 독립하는 커다란 흐름을 막을 수는 없었습니다. 세계에는 이제 자기 목소리를 내고자 하는 새로운 국가들이 탄생하게 된 것이지요.

그런데 오랜 식민 생활을 마치고 새롭게 세계 무대에 등장한 국가들은 국가적 정체성이 명확하지 않았습니다. 신생국들은 정치적으로 아무것도 그려지지 않은 백지와 같아서 무슨 색으로 물들일지에 따라 국가의 미래가 결정될 수 있는 상태였던 것입니다.

또한 그 나라들은 경제적으로 자립하기 어려운 상태인 경우가 많았습니다. 서로 자신의 체제가 우월하다고 믿은 미국과 소련은 이들 국가를 내버려 두지 않았습니다. 두 나라는 이들 국가에 지원을 아끼지 않으면서 자신의 체제로 포섭하기 위해 애썼습니다. 많은 국가들이 둘 중 한쪽 편에 서게 되면서 세계는 다시 한 번 두 쪽으로 갈라지게 되었습니다.

왜 많은 나라들은 홀로 서지 못하고 다시 미국과 소련이라는 강대국의 그늘로 들어가게 된 것일까요? 제국주의 국가들은 선진 문물과 우수한 기술을 이식해 식민지의 근대화와 경제 발전을 도왔다는 논리로 식민 지배의 역사를 합리화하는데도 말입니다.

계란을 한 바구니에 담지 마라

그 이유는 식민지의 경제 토대가 식민지의 자립을 위해 만들어진 것이 아니라, 식민지를 지배했던 강대국의 이익에 철저하게 맞추어 개발되었기 때문입니다. 가장 대표적인 것이 바로 특정 농산물만 집중적으로 생산하는 플랜테이션 농업입니다.

한 국가의 산업은 다양하게 발전하는 것이 바람직합니다. 사람들이 필요로 하는 것, 선호하는 것이 각자 다르기 때문입니다. 청바지가 잘 팔린다고 해서 청바지 산업만 발전시킨다면, 청바지를 제외한 다른 의류 산업은 형편없어지고 맙니다. 마찬가지로 감자가 주식이라고 해서 감자 농사만 짓는다면 다른 음식을 먹기가 어려워질 뿐 아니라 감자 흉년이 닥칠 경우 생계가 위협받을 수 있지요.

그런데 제국주의 국가들은 그런 터무니없는 일을 식민지에 저질렀습니다. 그들은 식민지인들의 수요와는 무관하게 자신들이 원하고 필요로 하는 물품들을 식민지에서 대량으로 생산해 내길 원했습니다. 유럽에서 기호품으로 인기 있던 커피나, 설탕의 원료가 되는 사탕수수 같은 작물을 식민지에 잔뜩 심으라고 강요한 것이지요.

물론 이런 산업 운영에도 장점은 있습니다. 한 작물만 집중적으로 심으면 비료 같은 것도 몇 종류만 필요하기 때문에 농작물을 관리하기가 편하고 그 작물에 대한 이해도가 높아지니 생산력도 증가합니다. 또한 대개 이러한 작물들은 애초에 높은 가격에 팔기 위해 대량으로 심은 것이기 때문에 농가 소득에도 도움이 되긴 하지요. 하지만 플랜테이션 농업의 심각한 문제는 이 정도의 장점으로 가려질 것이 아니었습니다.

예전에 실론이라고 불렸던, 영국의 식민지이자 차 생산지 스리랑카에서 벌어진 대기근 사태는 이런 문제를 적나라하게 보여 줍니다. 19세기 중반, 유럽에서 차의 인기는 매우 높았습니다. 특히 실론의 차가 인기 있었기에 영국인들은 실론 지역의 다른 농작물을 다 없애고 그 자리에 차나무를 대량으로 심도록 했습니다. 하지만 차의 가격이 폭락하자 차가 남아돌았고 영국인들은 더 이상 수익을 내지 못하는 실론을 떠났습니다. 인부로 일하던 식민지인들은 월급도 받지 못한 채 차 말고 아무것도 자라지 않는 땅에 머물 수밖에 없었습니다. 그런 와중에 1876년에 기록적인 가뭄이 닥쳐오자 실론 사람들은 먹을 것이 없어 수만 명이 굶어 죽고 말았습니다.

이와 유사한 비극이 또 다른 영국의 식민지였던 인도에서도 발생했습니다. 영국의 식민지 정책을 총괄하던 동인도 회사는 목축과 농업을 병행하던 인도 주민들에게 오직 목화 농사만 강요했습니다. 면직물의 원료가 되는 목화는 차와 함께 높은 수익을 보장해 주는 농산물이었습니다. 하지만 목화 또한 환금 작물답게 먹지 못하는 것입니다. 실론의 경우와 비슷하게 인도에 가뭄이 들자 곡물 가격이 상승했고 많은 목화 인부들은 곡물을 구하지 못해 굶어 죽게 되었지요.

식민지의 경제 구조는 대개 이런 형태였습니다. 식민지를 운영하는 강대국에 종속되어야만 운영되는 체제였던 것입니다. 그 때문에 두 차례의 세계 대전을 거치면서 수립된 여러 새로운 나라들은 겉으로는 독립한 것처럼 보였지만 내부적으로는 여전히 강대국들의 영향에서 벗어날 수 없었지요. 진정한 해방은 아직 오지 않았습니다.

진정한 해방

정치적 독립은 달성했지만 경제적 의존에서 벗어나지 못한 상황은 신흥 독립국의 내부에 많은 모순을 발생시켰습니다. 우선 독립 후에도 예전 지배국에 충성했던 사람들이 새로운 지배 계급을 형성한 경우가 많았습니다. 이들은 독립을 위해 싸우기는커녕 오히려 독립을 방해했을 가능성이 높은 사람들입니다. 식민 시절의 경제 체제가 유지되는 한, 그 시스템을 이해하고 운영할 수 있는 사람들은 대부분 식민 지배국에 충성했던 이들일 수밖에 없기 때문입니다. 그래서 식민 지배 이전이나 이후나, 보통 사람들의 삶은 별로 달라진 것이 없는데 단지 지배 계급의 국적만 같은 나라로 바뀌는 부조리한 현상이 나타났습니다.

열정과 환희로 맞이했던 독립의 기쁨은 어느새 사라지고 대다수의 사람들은 여전히 식민 지배 시절과 비슷한 삶을 살게 되었습니다. 사람들은 피땀 흘려 얻어 낸 독립의 결과물을 엉뚱한 사람들이 가져가는 상황에 불만을 품었지요.

이런 상황은 사람들의 마음속에 새로운 생각을 불러일으켰습니다. 진정한 해방이란 형식적인 정치적 독립이 아닌 이 땅에 사는 사람들이 진정으로 국가의 주인이 되어 그들의 손으로 직접 국가를 움직이는 것이란 생각입니다.

어딘가 익숙한 내용이지요? 바로 국민과 민족의 개념이 생겨난 것입니다. 이들 국가에서 민족주의가 형성되는 것은 어쩌면 당연한 일이었습니다. 이전까지 식민지 사람들은 프랑스 혁명 이전의 유럽 사람들과 같이 '나'와 '우리'가 아닌 그저 식민 지배 국가의 지시에 따라 식민지인으로서 살아야 했습니다. 독립을 통해 그런 굴레를 벗고 나자 이들 역시 이제 국가의 운명이 자신들의 손에 달렸다는 것을 깨달았습니다.

하지만 이들 국가의 민족주의는 늦게 발생한 만큼 유럽의 민족주의와는 조금 다른 양상을 띠게 됩니다. 근대 국가를 일찍 형성함으로써 강한 국력을 키웠던 유럽 열강의 민족주의가 다른 국가를 침략하고 착취하는 공격적인 제국주의로 발전했다면, 신생 국가들의 민족주의는 그런 제국주의적 침략에 맞서 하나로 뭉쳐 자국을 해방하는 방향으로 발전한 것이지요.

이러한 민족주의를 '해방적 민족주의'라고 부릅니다. 해방적 민족주의는 신생국들 사이로 점점 퍼져 나갔고, 이들 나라는 식민 지배국뿐 아니라 전후 미국이나 소련의, 지원을 가장한 간섭으로부터도 해방되기를 원했습니다.

쿠바도 이런 나라 중 하나였습니다. 쿠바는 1514년부터 1898년까지 무려 400년 가까이 스페인의 식민지였습니다. 하지만 미국의 세력이 확장됨에 따라 점차 힘을 잃어 가던 스페인은 쿠바 내부에서 독립의 움직임이 일어나고 1898년에 미국과의 전쟁에서 패하자 쿠바에서 손을 떼었지요. 이후 쿠바는 잠시 미국의 지배를 받다가 독립했지만 그 후에도 미국의 영향권에서 벗어날 수 없었습니다.

쿠바의 경제는 스페인 식민지 시절부터 전형적인 플랜테이션 농업 체제였습니다. 국토의 대부분에서 사탕수수만 경작하는 사탕수수 경제였지요. 그러다 보니 다른 물건들은 부족할 수밖에 없었고 그 부족분은 모두 미국에서 수입해 와야 했습니다. 한때 쿠바에 수입되는 자본재의 95%가 미국에서 왔을 정도로 쿠바의 대미 경제 의존도는 어마어마한 수준이었습니다.

게다가 1940년 이후 쿠바는 미국에 의존하는 것을 당연시하는 친미주의자 풀헨시오 바티스타가 정권을 잡고 있었습니다. 바티스타는 미국의 꼭두각시로 미국이 원하는 대로 정책을 세우고 집행했습니다. 그 때문에 쿠바는 독립을 한 것도, 안 한 것도 아니란 말이 딱 들어맞았던 상황입니다. 쿠바의 많은 사람들에게는 사실상 미국의 식민지나 다름없었지요.

이때 쿠바의 진정한 해방을 들고 나타난 사람이 피델 카스트로입니다. 전도유망한 변호사였던 카스트로는 미국의 간섭에서 벗어나지 못하는 한 쿠바의 진정한 해방은 없다고 믿었지요. 울분에 찬 카스트로는 바티스타 정권을 타도하기 위해 무장 투쟁을 시작했습니다.

투쟁 초기에는 소수의 인원으로 정부군을 교란하는 게릴라 전술을 쓰는 정도였지만 많은 쿠바인들이 이들의 대의에 동참하면서 전세가 역전되었습니다. 마침내 1959년 카스트로는 부패한 정권을 뒤엎고 새로운 쿠바를 시작할 수 있게 됩니다. 이른바 쿠바 혁명에 성공한 것이지요. 어렵게 혁명을 성공시킨 카스트로의 옆에는 이번 이야기의 주인공인, 영원한 방랑자이자 혁명가인 체 게바라가 서 있었습니다.

꿈꾸는 혁명가

체 게바라는 1928년에 아르헨티나의 부유한 집안에서 태어나 부에노스아이레스 대학 의학부에 진학했습니다. 머리가 좋고 경제적으로도 넉넉해서 의대를 졸업하는 데에 아무런 문제가 없었지요. 그대로 가면 체는 분명히 사회의 지도층으로 자리 잡아 안락한 인생을 살 수 있었을 겁니다.

하지만 1951년의 어느 날, 친구와 함께 오토바이를 타고 나선 여행이 체의 생각을 바꿔 놓았습니다. 자신이 살고 있는 라틴 아메리카 대륙의 참담한 현실을 목격하고 커다란 충격을 받은 겁니다. 여행에서 체가 본 것은 다양한 작물이 아니라 커피 아니면 사탕수수만 끝없이 심어진 밭과, 그 안에서 하루하루 힘겹게 살아가는 사람들이었습니다.

결정적으로 체의 인생행로를 바꾸게 된 사건은 과테말라에서 발생한 쿠데타였습니다. 당시 과테말라 역시 국토의 대부분을 미국 곡물 회사가 가지고 있었을 정도로 경제가 미국에 종속되어 있었지요. 하지만 회사들은 그 땅 대부분을 경작하지 않았습니다. 대공황의 사례에서 잠깐 살펴보았듯이 곡물의 과잉 생산은 재고 누적을 불러올 위험이 있었기 때문입니다.

이것은 과테말라 경제와 빈민층에 심각한 위험을 가져왔습니다. 노는 땅이 많아질수록 일할 사람은 적어지기 때문입니다. 하지만 회사들은 과테말라의 빈민층이나 내부 사정이야 어찌되든 수출량을 조절하는 것이 더 중요하다고 판단했습니다.

과테말라 대통령 하코보 아르벤스구스만은 이런 위험에서 벗어나기 위해 미국 회사와 상류층의 이익을 제한하는 정책을 펼쳤습니다. 이런 정책에 깊이 공감한 체는 힘을 보태기 위해 과테말라에 의사로 지원해 가게 됩니다.

이익을 보는 사람이 있으면 손해를 보는 사람도 있는 법입니다. 아르벤스구스만의 정책에 반대하는 미국 곡물 회사와 과테말라의 상류층이 미국의 지원을 얻고 쿠데타를 일으켰습니다. 이후 과테말라에 민주 정권이 무너지고 쿠데타로 세운 불법적인 정권이 들어서는 모습을 보고 체는 미국이 공명정대한 강대국이 아니라 자국의 이익을 위해 다른 나라를 마음대로 조종하는 국가임을 깨닫고 환멸을 느끼게 됩니다. 그때부터 체는 의학 공부를 접고 암울한 현실을 바꾸기 위해 투쟁하는 삶을 살기로 결심합니다.

체는 과테말라 쿠데타에 반대하는 조직에 들어가 투쟁을 시작했습니다. 저항 조직의 행동에 위협을 느낀 과테말라 정부와 미국 중앙 정보국 CIA는 체의 이름을 블랙리스트에 올려놓고 암살령을 내렸습니다. 그 때문에 체는 과테말라를 떠나 멕시코로 도망갔다가 그곳에서 후일 쿠바 혁명을 이끈 카스트로를 만나게 되지요.

카스트로와 체는 만나자마자 의기투합했고, 제국주의의 억압으로부터 쿠바의 해방을 위해 함께하기로 결심합니다. 둘은 엄격한 군사 훈련을 받은 뒤 100여 명의 사람들과 함께 작은 배를 타고 쿠바로 몰래 잠입했습니다. 하지만 폭풍우가 이는 데다 잠입을 눈치챈 쿠바군이 공격을 해서 불과 12명만이 살아남았습니다. 12명과 쿠바 정부의 용병 1만 2,000명이 싸운 전설이 이때 시작된 것입니다.

체 일행은 수시로 장소를 이동하며 정부군을 괴롭혔습니다. 전투만 하는 것이 아니라 쿠바 국민들에게 미국의 식민 상태에서 벗어나 쿠바의 진정한 해방을 이루자는 대의를 설득하는 한편, 새롭게 합류하는 현지인들을 용맹한 군사로 훈련시켰습니다. 체의 훈련은 엄격해서 그의 지휘를 받은 군대는 민간인들에게 어떠한 피해도 입히지 않았다고 합니다. 무고한 민간인을 괴롭히는 사람은 아군이라도 용서할 수 없다는 것이 체의 생각이었습니다. 이렇게 훈련된 병사들은 용맹한 혁명군의 병사가 되어 마침내 1959년에 쿠바의 부패한 바티스타 정부를 무너뜨렸습니다. 불가능을 가능하게 만든 카스트로와 체는 쿠바 혁명의 영웅이 되었습니다.

혁명 이후에도 체가 쿠바에서 할 일은 남아 있었습니다. 완전한 혁명은 부패한 정권을 무너뜨리는 데서 끝나는 것이 아니라 강대국에 종속된 경제 구조를 전면적으로 개혁하는 것까지 포함하기 때문입니다. 그러지 않으면 쿠바 혁명은 결국 지도자를 이전의 꼭두각시에서 또 다른 꼭두각시로 교체하는 것에 지나지 않을 테니까요.

1960년 3월, 쿠바의 아바나에서 행진 중인 체 게바라와 피델 카스트로의 모습. 가운데에 있는 사람이 체 게바라이고, 가장 왼쪽에 있는 사람이 피델 카스트로입니다. 미국의 생각과 달리 체는 부조리한 현실에 대항하는 젊은이들의 영웅이 되었습니다. 체가 죽은 다음 해인 1968년에, 전 세계적으로 모든 권위에 대항하는 문화 운동인 이른바 68혁명이 발생했고 젊은이들은 체의 얼굴이 인쇄된 포스터를 들고 거리에 나섰습니다.

위대한 혁명가에서, 쿠바의 국립 은행 총재에 이어 산업부 장관이 된 체는 예산 배정 시스템이라는 사회주의적 경제 모델을 도입하여 쿠바의 경제 체제를 정부가 주도하는 체제로 전환합니다. 임금 체계나 의료와 같이 민간의 자유에 맡기는 것으로는 해결되지 않는 부분을 정부가 책임질 수 있게 바꾼 것이지요.

그렇다고 해서 체가 자본주의 시스템을 무조건 거부한 것은 아닙니다. 체는 모든 경제 활동이 계획에 얽매이면 개개인의 창의성이 발휘되기 어렵다는 사회주의의 약점을 깨닫고 있었습니다. 그래서 자율 재정 시스템 또한 함께 마련함으로써 생산의 효율성을 높이려 했습니다. 고통받는 가난한 민중을 도울 수 있는 것이라면 어떤 제도라도 좋았습니다. 체는 미국식 자본주의도, 소련식 공산주의도 아닌 그 이상을 꿈꾸었습니다.

그렇게 쿠바에서 6년을 보낸 후, 체는 "쿠바에서 나의 역할은 끝났다."라는 편지를 남기고 홀연히 사라집니다. 그 이유에 대해서는 여러 분석이 있지만 쿠바 혁명 당시 자주 독립이라는 이상을 꿈꾼 것과 달리 카스트로가 소련의 지원에 의존하여 나라를 유지하려 했던 점에 주목하는 사람들이 많습니다. 체의 마음속에서 카스트로는 쿠바 국민의 진정한 해방 정신을 배신했다고 판단했을지도 모르겠습니다.

쿠바에서의 안락한 생활을 버린 체가 향한 곳은 뜬금없게도 머나먼 아프리카의 나라 콩고였습니다. 신생 국가 콩고에서 발생한 사회주의 혁명을 도우려는 목적이었지요. 하지만 그런 이상과는 달리 콩고에서 체는 낯선 언어와 풍습 때문에 현지에 적응하지 못하고 다시 라틴 아메리카로 돌아와야 했습니다. 돌아오면서 체는 일단 라틴 아메리카의 완전한 해방이 먼저라는 생각을 품었을 것입니다.

체의 그다음 행선지는 볼리비아가 됩니다. 볼리비아는 과거의 과테말라와 같이 미국의 지원을 받은 군부가 군사 쿠데타를 일으킨 상황이었지요. 체는 쿠데타 정권에 대항하는 사람들의 무리에 합류해 다시 한 번 게릴라 전술을 시도했습니다. 하지만 볼리비아의 상황은 쿠바와 달랐고, 체 때문에 쿠바라는 알짜배기 나라를 잃은 미국의 추적 또한 집요했습니다.

미국 CIA는 체에게 거액의 현상금을 걸어 볼리비아 주민의 신고를 유도했습니다. 영양실조에 걸린 몸으로 오랜 기간 동안 도피하던 체는 결국 볼리비아 정부군에 체포되었고, 이로써 혁명을 위해 세계를 떠돌던 체의 기나긴 방랑은 끝나게 되었습니다.

완전한 인간

체는 공식적인 재판을 받기를 원했습니다. 당시 볼리비아에는 사형 제도가 없기도 했고 재판이 진행되는 동안 쿠바를 비롯해 전 세계에서 구명 운동을 해 줄 것이라고 믿었기 때문입니다. 하지만 민중들 사이에서 인기가 높은 체를 두려워했던 볼리비아 정부와 미국은 그렇게 놔둘 수가 없었습니다. 살려 둔다면 체는 또다시 미국과 정부에 대한 투쟁에 나설 것이 확실하니까요. 당시 주볼리비아 미 대사 더글러스가 볼리비아 대통령에게 보낸 비밀 메시지에는 이런 사정이 잘 나타나 있습니다.

"체가 완전히 실패했고 전투 중에 죽었다고 전 세계에 알리는 것이 중요하다. 감옥에 가두는 식으로 살려 두어서는 위험하다. 만약 그를 투옥한다면 '광적이고 과격한' 집단들이 그를 석방시키려 할 것이다. 재판이 진행되고 전 세계의 여론이 쏟아지면 볼리비아 정부는 더는 그 상황을 통제할 수 없게 될 것이다."[*]

결국 볼리비아 정부는 정식 재판을 거치지 않고 비밀리에 체를 처형하기로 마음먹었습니다. 어쩌면 체의 운명은 사로잡힐 때부터 이미 결정되어 있었을지도 모르겠습니다.

체포된 다음 날 아침, 한 젊은 병사가 입가에 술 냄새를 풍기며 체에게 다가왔습니다. 떨리는 손에는 총이 들려 있었지요. 곧 닥칠 자신의 운명을 직감한 체는 병사를 보며 침착한 목소리로 말했습니다.

"떨지 말고 방아쇠를 당기게. 단지 사람 한 명을 죽이는 것뿐이니까."[**]

그 말을 마지막으로 체는 세상을 떠났습니다.

체의 처형 직후 볼리비아 정부는 처음부터 계획한 대로 체가 사형을 당한 것이 아니라, 교전 중에 총에 맞아 사망했다고 발표했습니다. 그래야 민주주의를 표방하면서도 재판 없이 처형한 잘못을 숨길 수 있을 테니까요. 그와 함께 볼리비아 장교들이 체의 시신을

● 같은 책 684~85면.
●● 한스 할터 『유언』, 한윤진 옮김, 말글빛냄 2007, 197면.

함부로 취급하고 있는 사진을 전 세계에 공개했습니다. 제아무리 신화적인 존재라도 미국에 대항하면 비참한 죽음을 맞이할 수 있다는 경고를 한 것이겠지요. 라틴 아메리카에 계속해서 불고 있는 반미 바람을 잠재우기 위해서였을 것입니다.

노벨 문학상을 거부함으로써 화제가 되었던 당대 최고의 실존주의 철학자 사르트르는 체의 사망 소식이 전해지자 깊은 애도를 보냈습니다.

"우리는 오늘 우리 시대의 가장 완전한 인간을 잃었다."•

오늘날 체에 대해서는 여러 평가가 있습니다. 체를 좋아하는 사람들은 체가 천재적인 전술가이자 혁명가라고 평하는 반면 체를 싫어하는 사람들은 체가 현실 감각이 전혀 없으며 무모한 이상주의자였다고 평하기도 합니다. 이런 차이에도 불구하고 모두가 동의하는 한 가지는 체가 언제나 가난하고 힘없는 사람들 곁에 서 있었다는 것입니다.

체 게바라의 본명은 에르네스토 라파엘 게바라 데 라 세르나로 매우 깁니다. 지금까지 우리가 불러 온 체라는 이름은 혁명에 투신하면서 체가 스스로 붙인 것입니다. 체를 좋아하는 사람들은 모두 그를 원래 이름이 아닌 체라고 부르곤 합니다. 스페인어로 체(che)라는 단어가 "어이, 친구!"라는 의미이기 때문입니다.

• 같은 책 667면.

체는 사람들이 자신을 체라고 불러 주길 원했다고 전해집니다. 언제 어디서나 고통받는 사람들의 친구가 되기를 바랐던 것이지요.

9

생각하지 않은 죄

한나 아렌트와 다원주의, 20세기 중반~현재

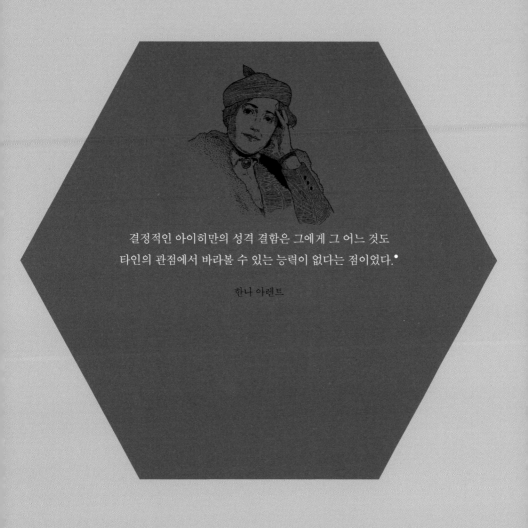

결정적인 아이히만의 성격 결함은 그에게 그 어느 것도
타인의 관점에서 바라볼 수 있는 능력이 없다는 점이었다.•

한나 아렌트

• 한나 아렌트 『예루살렘의 아이히만』, 김선욱 옮김, 한길사 2006, 104면.

홀로코스트

이제 20세기에 있었던 가장 끔찍한 범죄인 홀로코스트에 대해 이야기할 차례입니다. 홀로코스트는 모두가 외면하고 싶지만 절대 외면할 수 없는 역사적 사실이기도 합니다.

그리스어로 '완전한 연소(燃燒)'라는 뜻인 홀로코스트는 2차 대전 중에 있었던, 나치의 유대인 대학살을 가리키는 단어입니다. 이때 약 600만 명의 유대인이 희생되었다고 전해지지요. 히틀러와 나치는 유대인들을 발견하면 체포한 후 수용소에 가두고는 총이나 가스실을 통해 학살했습니다.

인류 역사에서 끔찍한 대학살은 종종 있어 왔습니다. 고대 로마 제국과의 전쟁에서 진 뒤 카르타고 사람들이 학살되기도 했고, 1572년에 프랑스에서 성 바르톨로메오 축일에 가톨릭 신도들에 의해 신교도들이 학살된 일도 있었지요. 이런 학살 사건은 결코 정당화될 수는 없지만 그 나름대로 이유가 있었습니다. 훗날 학자들은 카르타고의 경우 오랜 기간에 걸쳐 벌어진 전쟁에 대한 대가가 학살의 이유였고 프랑스의 경우는 가톨릭 신도들의 정치적 영향력 증대를 위한 것이었다고 분석했습니다. 겉으로 내세운 명분과 달리 진짜 목적은 여기에 있었다는 것이지요.

하지만 홀로코스트는 그런 학살들과는 다릅니다. 당시 유대인들은 전쟁에 참가한 군인이 아님에도 불구하고 단지 유대인으로 태어났다는 이유 하나로 죽어야 했습니다. 민족은 선택할 수 있는 것이 아닌데도 말이지요. 더욱 기괴한 건 유대인을 죽여서 얻는 이득도 특별히 없었다는 것입니다. 유대인 학살은 오직 학살을 위한 학살이었지요. 인간이 같은 인간을 상대로 저질렀다고는 도저히 상상할 수 없는 일입니다. 도대체 왜 이런 일이 벌어진 걸까요?

드레퓌스 사건에서 보듯이 유대교를 믿는 유대인은 그리스도교가 지배해 온 유럽의 역사에서 은근히 차별을 받는 존재였습니다. 근거지가 될 나라가 없던 그들은 유럽 여러 나라에 흩어져 살았음에도 불구하고 그 나라에 동화되는 것을 거부하고 자신들의 문화를 고수하며 살아갔던 것이 주요한 이유입니다. 다른 나라 사람들이 같은 민족으로시 동질감을 바탕으로 근대 국민 국가를 형성하는 동안 유대인들은 민족만 있고 국가는 없는 형태로 살았던 것입니다. 그 때문에 유대인들은 사회 공동체의 경계 밖에 있는 경우가 많았고 그들이 속한 사회에서 정치적으로 이용되기 쉬운 처지였습니다.

공동체가 위기에 처해 결속이 필요한 순간이 되면, 구성원들은 단합하는 경향이 있습니다. 국가 내에서 치열하게 싸우다가도 다른 나라가 침공해 오면 다시 국민들이 하나로 뭉치게 되는 것과 같은 이치지요. 만일 침략해 오는 적이 없다면 공동체의 내부에서 가상의 적을 만들어 내기도 합니다. 이러한 현상을 '적의 창출'이라고 합니다. 유럽 사회에서 유대인은 이런 가상의 적으로 활용하기에 적절한 존재였습니다.

히틀러와 나치 역시 이러한 점을 충분히 알고 있었습니다. 유대인을 이용하면 패배감에 찌든 독일인을 하나로 뭉치게 할 수 있다는 것을 말입니다. 히틀러는 1933년에 집권함과 동시에 유대인을 모든 공직에서 추방할 뿐 아니라 독일인과 유대인 사이에 혼인을 금지했습니다. 거주 이전의 자유와 같은 기본적인 인권도 유대인의 경우에는 정지시켰지요. 이러한 조치는 곧이어 벌어질 대학살의 전주곡이었습니다.

2차 대전이 발발하자 히틀러는 모든 유대인을 없앰으로써 유대인 문제를 해결할 수 있다는, 이른바 '최종 해결'이라는 유대인 말살 계획을 세우고 시행하기 시작했습니다. 최초의 학살은 2차 대전이 발발하고 2년 후인 1941년에 전쟁 중 치안을 유지한다는 미명하에 이루어졌습니다. 이때에만 무려 100만 명 이상의 유대인이 희생되었습니다.

좀 더 시간이 지나자 나치는 아예 유대인들을 따로 격리하는 수용소를 만들고는 수용소 안의 가스실에서 300만 명 이상의 생명을 빼앗았습니다. 대량 학살은 전쟁이 끝날 때까지 계속되었지요. 만일 전쟁이 더 늦게 끝났더라면 독일과 독일이 점령한 지역의 유대인은 아무도 살아남지 못했을지 모릅니다.

유대인 학살은 전쟁과 동시에 시작되어 마치 히틀러와 나치의 전쟁을 뒤에서 응원하는 것처럼 이뤄졌습니다. 끊임없이 진행되는 학살은 다른 독일 사람들에게 자신들을 괴롭히는 내부의 적을 소탕한다는 잘못된 느낌을 주었을지도 모르겠습니다.

독일은 전쟁이 끝날 때까지 히틀러와 나치가 불러일으킨 광기에서 빠져나오지 못했습니다. 유대인은 나치의 사기를 올려 전쟁에서 승리하기 위해 바쳐진, 죄 없는 희생물이었던 것입니다.

위대한 재판

전쟁이 끝난 후 폴란드의 아우슈비츠 수용소를 비롯해 곳곳에 있는 유대인 수용소를 둘러본 사람들은 경악을 금치 못했습니다. 그곳에는 오랫동안 노역과 굶주림에 시달린 탓에 비쩍 마른 유대인들이 있었기 때문입니다. 너 나 할 것 없이 인류 역사상 가장 끔찍한 범죄를 저지른 나치에 분노했습니다.

폴란드에 있는 아우슈비츠 수용소. 나치는 유대인과 집시 같은 소수 민족을 비롯해 나치에 적대적인 사람들을 수용소에 가두고 강제 노동에 처했습니다. 가혹한 처우로 인해 노동 능력을 잃은 사람들은 가스실에서 대량으로 학살당했습니다.

그로부터 얼마 후 독일의 뉘른베르크에서 전쟁 범죄를 일으킨 전범에 대한 재판이 시작되었습니다. 두 차례의 세계 대전을 치르면서 전범 재판의 개념이 성숙해졌습니다. 그전까지 전쟁이란 국제 정치 상황에서 자연스럽게 발생할 수 있는 현상이었습니다. 하지만 전쟁의 피해가 사람들이 감당할 수 없을 만큼 막대해지자 침략 전쟁은 매우 중대한 범죄 행위라는 인식이 사람들의 머릿속에 단단히 자리 잡았습니다.

뉘른베르크 전범 재판에는 2차 대전 패전국의 추축을 이루는 나치 독일과 일본의 전범들이 서게 되었습니다. 전범 재판을 담당할 판사와 검사는 승전국인 미국, 소련, 영국, 프랑스에서 뽑혔습니다. 재판장을 맡은 영국의 제프리 로런스 판사는 이 재판이 역사상 가장 위대한 재판이 될 것이라고 말했습니다. 역사상 처음으로 침략 전쟁 그 자체에 대한 책임을 묻고, 전쟁 중 대학살과 같은 반인류 죄에 대해 처벌할 것이 기대되었기 때문입니다. 또한 이 재판을 통해 인종과 종교, 성별을 가리지 않는 보편적 인권이 드디어 국제 규칙으로 자리 잡으리라는 기대도 있었습니다.

1945년 11월에 시작해 무려 403회에 걸쳐 재판이 진행되는 동안 로런스 판사의 예견은 들어맞은 것처럼 보였습니다. 나치 전범들은 재판을 통해 반인류 죄와 반평화적 범죄로 처벌받았기 때문이지요. 12명이 사형을 언도받았고 나머지도 무기 징역을 비롯해 장기간의 징역형을 선고받았습니다. 정의는 승리한 것처럼 보였습니다.

하지만 문제는 그 뒤에 있었습니다. 죄를 저지른 다음에 법을 만들어서 처벌했기 때문에, 전범 재판이 법이 먼저 존재하지 않으면 벌을 줄 수 없다는 죄형 법정주의를 위반했다는 지적도 있었지만, 그런 형식적인 문제보다 더 중요한 것이 있었습니다. 전범의 문제가 과연 패전국에만 있느냐는 실질적인 의문이 그것입니다. 연합국 역시 2차 대전 중에 드레스덴 민간인 밀집 지역을 폭격해 수만 명을 죽인 것은 물론, 나치에 비하면 소규모일지언정 민간인 학살을 분명 저질렀기 때문입니다. 하지만 승전국 사람들은 전범 재판의 피고석에 서지 않았습니다. 그래서 전범 재판으로 세워지는 정의란 승자의 논리에 좌우되는 것이 아니냐는 아픈 비판도 있었습니다. 재판은 정말 위대했던 것일까요? 그러나 히틀러와 나치의 전쟁 범죄가 워낙 심각했기 때문에 이런 비판들은 더 깊이 고민되지 못했습니다.

전범 재판 이후에도 반인륜적인 범죄는 멈추지 않았습니다. 프랑스는 식민지였던 알제리가 독립을 요구하자 잔인한 폭격으로 화답했습니다. 비무장한 작은 마을에서 알제리 깃발을 걸었다는 이유로 4,000명이 넘는 마을 주민을 학살하기도 했지요. 프랑스는 알제리와 8년간에 걸쳐 전쟁을 벌이며 알제리인 200만 명의 생명을 앗아 갔습니다.

미국 또한 체 게바라 이야기에서 보았듯이 라틴 아메리카의 반

뉘른베르크 전범 재판의 피고석 모습. 뉘른베르크는 끔찍한 비극의 시작이 된
나치 전당 대회가 개최된 장소이기도 합니다.

민주 독재 정권을 비밀리에 옹호하며 반체제 인사들을 암살하거나 고문하는 등 반인륜적 행위를 저질렀습니다. 보편적 인권과 정의를 수호하는 국가의 행동이라고는 믿을 수 없었습니다. 소련과 중국을 포함한 다른 나라들도 마찬가지였지요. 소련의 스탈린은 공산주의를 시행하는 과정에서 반대 세력의 사람들을 수백만 명이나 가혹하게 살해했고, 중국의 마오쩌둥은 문화 혁명 과정에서 수백만 명의 아까운 목숨을 잃게 만들었습니다. 그 과정에서 이데올로기를 앞세운 비열한 행위들이 자행된 것 또한 부정할 수 없는 사실입니다. 르네상스 이후 지금까지 세계를 발전시켜 왔던 사람들의 합리적인 이성이 모두 어떻게 되어 버린 것만 같았지요.

합리적 이성의 몰락

인간의 합리적인 사고를 억압했던 중세가 브루노와 같은 사람들의 노력으로 끝나고 난 후 인간의 이성은 무서운 속도로 발전했습니다. 특히 철학자 데카르트가 모든 것을 의심하다가 결코 의심할 수 없는 것으로서 발견한 '생각하는 나'(cogito)의 존재는 '나'와 다른 사람을 구분할 수 있는 사상적 확신을 줌으로써 다른 사람과의 차이를 명확하게 해 주었습니다.

데카르트에 따르면 다른 사람은 실제로 존재하는지 하지 않는지 알 수 없지만 그 실존을 지금 의심하고 있는 '나'만큼은 그 어떤 의심의 여지 없이 명백하게 존재합니다. 그러므로 생각하는 '나'는 다른 것들 사이에서 홀로 우뚝 선 존재로서 남보다 우월한 존재가 됩니다.

이러한 생각은 근대 국민 국가로 이어져 내가 속한 국가와 민족이 다른 국가나 민족보다 우월하다는 사고로 연결되었습니다. 더 나아가 '나'들의 집합인 '우리' 민족의 번영을 위해 다른 민족을 침략하거나 착취해도 된다는 제국주의적 사고로 이어졌지요. 그 결과로 나온 것이 바로 인류 역사상 최악의 사상자를 낸 두 차례의 세계 대전입니다. 거칠 것 없이 발전을 거듭해 온 인류의 이성이 한계에 다다른 것이지요.

사람들은 이성의 발달이 인류에게 영원한 발전을 가져다줄 것이라고 믿었습니다. 합리적 이성과 보편적 정의를 말하는 계몽사상의 빛이 전 세계로 퍼지면 퍼질수록 세상은 낙원에 가까워진다고 생각했던 것입니다. 하지만 그건 지독한 착각이었습니다. 내가 옳다고 생각한 이성은 오히려 세상을 지옥으로 바꿔 버린 것이지요. 두 차례의 큰 전쟁을 겪은 뒤 슬픔에 빠진 사람들은 도대체 어디서부터 잘못된 것인지 고민하기 시작했습니다.

그전까지 사람들이 인식하는 세상은 '나'와 '내가 아닌 것'으로 나누어져 있었습니다. 그리고 '나'는 언제나 옳았습니다. 하지만 세상이 '나'와 '또 다른 나'로 이루어져 있다면 어떨까요? '또 다른 나' 역시 언제나 옳다고 생각하지 않을까요?

이것이 두 차례의 세계 대전이라는 끔찍한 비극 앞에서 이성의 한계를 고민하던 사람들이 찾아낸 설명이었습니다. 세상은 지구 상에 존재하는 인간의 숫자만큼 많은 '또 다른 나'들이 살아가는 곳입니다. 프랑스인과 알제리인도, 영국인과 독일인도 그리고 미국인과 소련인도 모두 각자가 옳다고 믿어 왔고 그로 인해 세계가 충돌하게 되었다는 것입니다. 다시 말해 모두에게는 각자의 정의 가 있으며, 또한 그 정의는 각자가 처해 있는 상황에 따라 달라진 다는 이야기입니다.

조금 단순한 가정이지만 만일 프랑스인이 나치 시대의 독일에 서 태어났다면 그는 홀로코스트에 반대하기가 쉽지 않았을 것입 니다. 독일인이 알제리 독립 전쟁 시대에 프랑스 군인으로 태어났 다면 민가에 폭격을 할 수도 있었겠지요. 현재 존재하는 '나'는 온 전히 나의 자유 의지로 홀로 형성된 것이 아닌, 나를 둘러싼 과거 와 현재, 언어와 문화 등 모든 것에 영향을 받아 생겨난 것이라 할 수 있습니다.

20세기 중반부터 현재까지 활동하고 있는 많은 사상가들이 깨달 은 내용이 바로 이런 것입니다. 2차 대전 중 벌어진 홀로코스트에 가장 악질적으로 가담했던 나치 장교 아돌프 아이히만의 재판을 방청하던 철학자 한나 아렌트가 생각한 것 또한 이와 유사합니다.

생각하지 않는 자

뉘른베르크 전범 재판이 끝나고도 한참이 지난 1960년, 아르헨티나의 수도 부에노스아이레스의 교외에서 한 사람이 체포되었습니다. 아돌프 아이히만이라는 이름의 이 남자는 2차 대전 때 독일에서 유대인을 수송하여 가스실로 보내는, 홀로코스트의 실무를 담당한 전 나치 친위대 중령이었습니다. 그를 체포한 기관은 2차 대전 이후 세워진 유대인들의 나라 이스라엘의 첩보 기관 모사드였지요. 아이히만은 곧 비행기에 실려 이스라엘로 보내졌고 전범 재판에 회부되었습니다.

전 세계 사람들의 관심은 이스라엘로 집중되었습니다. 도대체 600만 명의 사람을 죽이는 데 앞장선 인간의 모습이 어떠한지에 대한 호기심 때문이었습니다. 그중에는 한나 아렌트라는 유대인 학자도 있었습니다. 아렌트는 어린 시절 나치에 의해 감금된 경험 탓에 정신적인 상처가 있었습니다. 그 때문에 아렌트는 아이히만의 재판을 꼭 참관하고 싶어 했습니다. 악마의 화신과도 같은 자가 정당한 처벌을 받게 된다면, 그 과정에서 자신의 상처도 치유될 수 있을 거라고 기대했지요.

마침내 아이히만이 재판정에 모습을 드러냈습니다. 혹시라도 분노한 방청객 때문에 사고가 일어날지 몰라 피고석에 방탄유리로 된 조그만 상자를 설치했지요. 아이히만을 직접 본 사람들은 커

이탈리아 제노바에 있는 적십자 이탈리아 지부에서 발행한 아이히만의 신분증. 아이히만이 1950년에 아르헨티나로 입국할 때 쓰였습니다.

다란 충격을 받았습니다. 약간 벗어진 이마에 검은 뿔테 안경을 쓴 아이히만은, 피에 굶주린 사악한 악마의 형상이 아니라 주변에서 흔히 볼 수 있는 평범한 아저씨의 모습이었기 때문입니다.

아이히만은 자신이 처한 상황을 충분히 인식한 듯 학살에 대한 재판부의 질문에 차분한 목소리로 대답했습니다. 자신은 상관이 지시한 대로 했을 뿐이며 결코 인종 혐오 같은 사악한 동기에서 행동한 것이 아니다, 누구도 죽일 의도는 없었다고 말했습니다. 동시에 사람이란 누구나 자신의 의도와 다르게 행동할 수 있으며 자신의 행동에 죄책감을 느끼지 않는다고 진술했습니다. 재판 진행 과정에서 희생자들의 증언과 증거가 제시되었지만 그것을 보면서도 아이히만은 별다른 감정의 동요나 표정 변화를 보이지 않았습니다.

재판부는 아이히만에게 인도에 대한 범죄, 유대인 학살 전쟁 범죄를 포함해 무려 15가지 죄에 대해 유죄를 인정하고 사형 선고를 내렸습니다. 그리고 6개월 후 아이히만은 교수대에 올라 죗값을 치렀습니다.

한나 아렌트는 아이히만의 재판을 처음부터 끝까지 지켜보았습니다. 그리고 자신만의 판결을 내렸습니다. 아렌트 또한 아이히만이 유죄라고 생각했지만 그 이유는 재판부와 전혀 달랐습니다. 아렌트가 생각하기에 아이히만의 가장 큰 죄는 바로 '생각하지 않은 죄'였습니다. 아렌트는 아이히만이 '사유할 능력이 없는 일반적이고 정상적인 사람'이라고 규정했습니다. 아이히만의 잘못은 자신의 행위가 어떤 결과를 불러올지 몰랐던 것뿐이라고 했지요.

아렌트는 모든 사람이 당연하게 여기고 평범하게 행하는 일이 언제라도 악으로 전환될 수 있으며, 특별한 존재가 아닌 평범한 사람도 악인이 될 수 있다고 생각했습니다. 예컨대 남북 전쟁 이전의 미국에서 흑인 노예를 부리던 남부 백인은 북부 백인에 비해 특별히 악한 사람은 아니라는 것입니다. 태어나면서부터 노예를 부리는 것을 보고 자란 사람에게는 노예 제도가 자연스러운 일이니까요. 알제리의 마을에 폭격을 퍼부은 프랑스 군인도 마찬가지입니다. 그들에게 잘못이 있다면 노예 제도나 제국주의가 가지는 근본적인 문제에 대해 깊이 생각하지 않은 것이겠지요. 다시 말해 우리는 우리 자신이 독립적으로 사유하고 행동하는 완전한 자유인이라고 생각하지만 사실 그것은 상당히 한정된 영역에 불과하며 누구라도 어떤 체제 안으로 편입된다면 자신도 모르게 악을 행하는 사람이 될 수 있다는 이야기입니다.

차이의 인정

아이히만 재판에 대한 아렌트의 의견은 격렬한 논쟁을 불러일으켰습니다. 아렌트의 주장대로라면 깊게 생각하지 못하는 사람이라면 누구라도 아이히만의 자리에 갔을 때 그와 같은 행동을 할 수 있다는 이야기가 되니까요. 아렌트의 의견을 비판하기 위해 어떤 사람들은 아이히만이 평범한 사람이 아니라는 증거를 찾아 제시하기도 했습니다. 아이히만은 애초부터 극렬하게 나치에 협력하고 반유태적인 행동을 해 왔으며, 평범하고 불쌍하게 보인 것은 재판에서 동정심을 사려고 연출한 것이라고 했지요. 아이히만이 마지막까지 자신의 죄를 결코 후회하지 않았다는 것도 함께 강조했습니다.

하지만 아렌트는 자기주장을 굽히지 않았습니다. 자신이 유대인이자 나치의 피해자임에도 불구하고 아이히만의 재판을 유대인

들의 나라인 이스라엘에서 한 것도 문제 삼았습니다. 이미 자신이
절대적으로 옳다고 생각하는 피해 당사자가 가해자를 재판한다면
그 재판이란 어떤 면에서 나치의 행위와 크게 다르지 않다고 지적
했지요. 실제로 아이히만은 이스라엘과 관계없는 아르헨티나에서
이스라엘 정보기관에 의해 불법으로 납치되었는데 아르헨티나는
이에 항의하기도 했습니다. 재판정에 선 아이히만도 이스라엘은
외국인인 자신에 대한 재판권이 없다며 변호하기도 했습니다.

아이히만이 원래 인종 혐오자에 적극적인 나치 협력자였는지
는 정확히 알 수 없습니다. 아이히만이 죽을 때 "독일 제국 만세."
를 외쳤다는 증언이나 사료를 볼 때 사실일 가능성이 높습니다.
하지만 그것이 사실이라 하더라도 아렌트의 견해가 틀린 것은 아
닙니다. 아렌트의 지적대로 악이란 어떤 특별한 악인만 저지르는
것이 아니라, 평범하게 살아가는 우리 안에서 언제라도 발생할 수
있는 것이기 때문입니다. 어쩌면 모든 사람들의 안에는 자기도 모
르게 아이히만이 숨어 있는지도 모르지요.

홀로코스트의 피해자였던 유대인들이 이스라엘이라는 국가를
세운 뒤 원래 그 지역에 살던 팔레스타인 사람들을 끔찍하게 학살
하는 가해자로 변신하는 모습은 씁쓸하지만 아렌트의 생각을 지
지하는 것처럼 보입니다. 그동안 살펴 왔던 여러 종류의 혁명과 그
후의 모습 또한 이와 별반 다르지 않았다는 것도 아렌트의 주장에
보탬이 될 수 있겠지요.

지금까지 중세 유럽의 봉건 시대부터 현대 민주주의 세계에 이르기까지 기나긴 시간의 역사를 살펴보았습니다. 지금 여기, 우리가 살고 있는 세계의 지형을 결정한 다양한 요인들이, 역사의 분기점을 살다 간 여러 인물들을 통해 어떻게 자리 잡게 되었는지에 대한 궁금증을 해소하는 데에 조금이라도 도움을 주었다면 다행이라고 생각합니다. 여러분에게 즐거운 역사 여행이 되었기를 바랍니다.

참고 문헌

◆

강준만 『미국사 산책』 7, 인물과사상사 2010.

강철구 『강철구의 우리 눈으로 보는 세계사』 1, 용의숲 2009.

권형진 『독일사』, 대한교과서, 2004.

김중락 「국왕 죽이기」, 『영국 연구』 15호, 영국사학회 2005.

김학준 『러시아 혁명사』, 문학과지성사 1999.

니콜라스 할라즈 『나는 고발한다』, 황의방 옮김, 한길사 1998.

네이비드 로빈슨 『채플린』, 한길아트 2002.

로버트 S. 위스트리치 『히틀러와 홀로코스트』, 송충기 옮김, 을유문화사 2011.

류은숙 『인권을 외치다』, 푸른숲 2009.

미하일 일리인 『코페르니쿠스, 인류의 눈을 밝히다』, 이종훈 옮김, 서해문집
      2008.

바바라 라이스너 『조피 숄 평전』, 최대희 옮김, 강 2005.

박성래 『인물 과학사』 2, 책과함께 2011.

박지향 『클래식 영국사』, 김영사 2012.

박종욱 『스페인 종교재판소』, 부산외국어대학교 출판부 2006.

베르나르 베르베르 『쥐의 똥구멍을 꿰맨 여공』, 이세욱 옮김, 열린책들 2001.

브누아트 그루 『올램프 드 구주가 있었다』, 백선희 옮김, 마음산책 2014.

빅토르 세르주 『러시아혁명의 진실』, 황동하 옮김, 책갈피 2011.

시어도어 래브 『르네상스의 마지막 날들』, 강유원·정지원 옮김, 르네상스 2008.

앙드레 모루아 『영국사』, 신용석 옮김, 김영사 2013.

에번 D.G. 프레이저·앤드루 리마스 『음식의 제국』, 유영훈 옮김, 알에이치코리

아 2012.

에이브러햄 애셔 『처음 읽는 러시아 역사』, 신상돈·김하은 옮김, 아이비북스 2012.

우도 마르크바르트 『팝콘 먹는 소크라테스』, 서유정 옮김, 휘슬러 2003.

우치다 타츠루 『푸코, 바르트, 레비스트로스, 라캉 쉽게 읽기』, 이경덕 옮김, 갈라파고스 2010.

요한 고틀리프 피히테 『독일 국민에게 고함』, 곽복록 옮김, 민성사 1999.

유시민 『거꾸로 읽는 세계사』, 푸른나무 2008.

이세희·현재열 「프랑스혁명과 여성의 역할」, 『프랑스사 연구』 7호, 한국프랑스사학회 2002.

이종호 『세계를 속인 거짓말』, 뜨인돌 2002.

잉게 숄 『아무도 미워하지 않는 자의 죽음』, 송용구 옮김, 평단문화사 2012.

자크 르 고프 『서양 중세 문명』, 유희수 옮김, 문학과지성사 2008.

장 코르미에 『체 게바라 평전』, 김미선 옮김, 실천문학사 2005.

장프랑수아 시리넬리·파스칼 오리 『지식인의 탄생』, 한택수 옮김, 당대 2005.

전국 역사 교사 모임 『살아 있는 세계사 교과서』 2, 휴머니스트 2005.

정기문 『정기문 교수의 내 딸들을 위한 여성사』, 푸른역사 2004.

주경철·이영림·최갑수 『근대 유럽의 형성』, 까치 2011.

케네스 C. 데이비스 『미국에 대해 알아야 할 모든 것, 미국사』, 이순호 옮김, 책과함께 2004.

케네스 C. 데이비스 『우주의 발견』, 이충호 옮김, 푸른숲 2003.

토드 부크홀츠 『죽은 경제학자의 살아 있는 아이디어』, 이승환 옮김, 김영사 2005.

프리더 라욱스만 『세상을 바꾼 어리석은 생각들』, 박원영 옮김, 말글빛냄 2008.

한나 아렌트 『예루살렘의 아이히만』, 김선욱 옮김, 한길사 2006.

한스 할터 『유언』, 한윤진 옮김, 말글빛냄 2007.

헬렌 야페 『체 게바라, 혁명의 경제학』, 류현 옮김, 실천문학사 2012.

홍용진 「제국과 교회」 2, 『웹진 민연』, 고려대학교 민족문화연구원 2012.

창비청소년문고 16

법정에서 만난 역사

초판 1쇄 발행 • 2015년 8월 21일
초판 7쇄 발행 • 2022년 12월 2일

지은이 • 김대현·신지영
펴낸이 • 강일우
책임편집 • 김선아
펴낸곳 • (주)창비
등록 • 1986년 8월 5일 제85호
주소 • 10881 경기도 파주시 회동길 184
전화 • 031-955-3333
팩시밀리 • 영업 031-955-3399 편집 031-955-3400
홈페이지 • www.changbi.com
전자우편 • ya@changbi.com